Emmerich Kirschner
Liebst Du Deine Kraft?

Liebst Du Deine Kraft?

Dieses Buch widme ich meinen zwei wunderbaren Kindern, Jan und Viviane. Sie zeigen uns jeden Tag, wie man durch Leichtigkeit, Spiel und Freude das Leben auf eine angenehme Weise meistern kann.

Herstellung: Books on Demand GmbH
ISBN 3-8311-2741-7

1. Vorwort

Subjektive Wahrnehmung

Haben Sie auch schon ein Buch, das Sie bereits kannten, nach einigen Monaten ein zweites Mal gelesen und dabei festgestellt, dass Sie auf Dinge aufmerksam wurden, die Sie vorher nicht beachtet hatten?

Mir geht es so bei einem Film im Fernsehen. Wenn ich den Film ein zweites Mal sehe, nehme ich Szenen wahr, die ich vorher nicht gesehen habe.

Warum erzähle ich das Ihnen?
Ich habe dieses Buch geschrieben, es also in eine **»fixe Form«** gebracht, und diese Information mache ich somit vielen anderen Menschen zugänglich. Wenn ich nach einiger Zeit einige Leser befragen würde, was denn in diesem Buch steht, bekäme ich vermutlich die verschiedensten Aussagen.
Und trotzdem steht **immer dasselbe** im Buch.

Das, was Sie wahrnehmen, hängt wesentlich davon ab, wie Sie die Welt um sich herum **wahrnehmen**. Sie haben richtig gelesen: Wie Sie die Welt wahrnehmen. Es gibt keine **objektive** und richtige Welt. Es gibt jedoch viele **verschiedene Möglichkeiten,** diese Welt auf der wir leben, wahrzunehmen. Das können Sie anhand eines Beispiels ganz einfach nachvollziehen:

Stellen Sie auf Ihren Küchentisch eine große Flasche Wein. Davor stellen Sie bitte ein kleines Glas. Jetzt setzen Sie sich Ihrem Partner gegenüber und sagen Sie ihm ganz genau, was Sie »wahrnehmen«.

»Liebling, ich sehe eine Weinflasche und davor steht ein Glas«.

Darauf wird Ihr Partner antworten:
»Was siehst denn du? Da steht eine Flasche Wein ohne ein Glas«.

Jeder lebt in seiner **eigenen Welt**. Wenn es Menschen gibt, die behaupten, Sie hätten den Schlüssel zum Erfolg gefunden und **nur mit dieser Methode** kämen auch Sie zu Erfolg, dann werde ich dabei sehr skeptisch. Ich denke, dass jeder Mensch ganz genau weiß, was für ihn richtig ist. Ich möchte Ihnen dabei helfen, **frei** und **selbstbewusst Ihr eigenes** Leben zu gestalten. Nehmen Sie die Informationen in diesem Buch als Anregung und entscheiden Sie selbst, was Sie umsetzen und was nicht. Ich wünsche Ihnen dabei viel Erfolg und Freude!

Lesetipps

Da ich davon ausgehe, dass Sie aus diesem Buch den größt möglichen Nutzen ziehen möchten, folgt hier eine kleine »Betriebsanleitung«.

Vielen von uns wurde als Kind beigebracht, wie wir ein Buch behandeln sollen. Aufpassen auf Eselsohren, nichts in das Buch hineinschreiben. Die Seiten nicht zu stark umblättern, damit der Buchrücken nicht beschädigt wird.

Ich empfehle Ihnen von all dem das Gegenteil! Ja, Sie haben richtig gelesen. Machen Sie sich **Notizen** im Buch, streichen Sie wichtige Textteile **farbig** an, und vor allem, sehen Sie das Buch nicht als Regalfüller, sondern als Ihr **persönliches Arbeitsbuch**. Dieses Buch kann Ihnen zu einem ganz neuen Leben verhelfen. Also benutzen Sie es dementsprechend!

Immer wieder findet man Bücher, in denen der Autor versucht, Frauen und Männer gleichermaßen anzusprechen. Das liest sich dann so: »Was würde er/sie dazu wohl sagen«? Oder »Sie/Er geht damit folgendermaßen um«. Ich glaube, Sie sind mit mir einer Meinung, dass diese Sprache sehr schwierig zu lesen ist. Ich verwende aus diesem Grund das persönliche **»Du«**! Sollten Sie mit dieser Art unseres Dialoges nicht einverstanden sein, so denken Sie sich bitte anstelle jedes »Du« ein unpersönliches »Sie«!

2. Danke

Ich möchte mich bei folgenden Personen bedanken, die mich beim Schreiben dieses Buches unterstützt haben:

Hermann Bechter, Mentaltrainer aus Hohenems, durch seine Hilfe konnte ich viele Blockaden aus meiner Vergangenheit auflösen und in positive Energie umwandeln.

Beim Team von Libri in Hamburg. Durch diese Menschen ist es möglich, solche Bücher schnell und unkompliziert zu produzieren.

Andreas Ackermann. Ein Mentaltraining bei diesem Menschen und das Leben beginnt easy zu werden.

Ein ganz besonderer Dank gilt auch Marita und Reinhard Burtscher aus Hohenems. Diese beiden Menschen lassen uns teilhaben an der fröhlichen und leichten Art, das Leben positiv zu gestalten.

3. Motivation

Die Kraft der Ziele

Warum sollte ich mir Ziele stecken? Ich lasse lieber jeden Tag auf mich zukommen. Warum sollte ich mir den Tag mit Zielen voll stopfen und wie ein Verrückter darauf hinarbeiten? Stress habe ich ohnehin schon mehr als genug.

Kommen dir solche Antworten und Gedanken bekannt vor? Auch ich dachte vor einigen Jahren noch, dass sowieso alles auf uns zukommt wie es für uns bestimmt ist und deshalb könnten wir nichts verändern. Interessanterweise sind diejenigen Menschen **erfolgreich** und **glücklich**, die ganz genau wissen, was sie wollen und auch jeden Tag etwas dafür tun. Nicht verbissen, aber trotzdem konsequent und zielstrebig.

Kennst du das Pensionistensyndrom? Ein Mensch arbeitet über 40 Jahre im selben Unternehmen. Seine ganze Aufmerksamkeit widmet er der Firma. Jeden Tag verfolgt er mit Begeisterung die Ziele seiner Firma. Das Lager in Schuss halten, beim Versand mithelfen, Kunden bedienen, usw.

Keine Betriebsfeier wird ausgelassen. Wenn man die Stunden, die der Durchschnitt im Bett verbringt abzieht, so verbringt mancher Mensch mehr Zeit im Beruf als in seiner Freizeit. Über Jahre hinweg ist immer zu wenig Zeit für die Familie da.

Doch dann: Die Diagnose lautet: **Pension!** Was soll ich jetzt bloß mit meiner Zeit anfangen? Den ganzen Tag mit dem Partner verbringen? Das bin ich nicht mehr gewöhnt. Hobbys? In diesem Alter noch mit Hobbys beginnen? Nein, nicht für mich. Und so vergeht Tag für Tag, an dem unser einst so eifriger und zielstrebiger Mitarbeiter sich jetzt **»gehen lässt«**. Aus Langeweile führt sein Weg immer öfter zum Stammtisch. Da ist es wieder angenehm. Da trifft er Gleichgesinnte. Im Alkohol lässt sich so mancher Schmerz besser beiseite schieben. Die körperliche Leistung nimmt ab. Der Körper hat ja keine Aufgabe mehr. Er wird nicht mehr gefordert. Auch die geistige Leistung nimmt rapide ab.

Dieses Szenario könnten wir noch länger und ausführlicher weiterspinnen. Doch ich glaube, du hast es längst erkannt. Du kannst es auch jeden Tag aufs Neue beobachten, indem du die Augen offen hältst und aufmerksam durchs Leben gehst.

Solange Menschen **Ziele** haben, für die es sich lohnt zu leben, solange Menschen Ziele haben, die auch **anderen** zum **Glück verhelfen**, solange haben wir Kraft und Energie, die uns antreibt und glücklich macht. Menschen, die nicht mehr wissen, warum sie überhaupt noch weiterleben sollten, bauen geistig und körperlich immer schneller ab. Natürlich gilt das gleiche umgekehrt. Menschen mit einem klaren Ziel vor Augen, für das es sich **lohnt »dafür zu kämpfen«**, leben viel gesünder und vitaler.

Natürlich ist es genauso ungesund, wenn wir uns ganz verbissen auf unser Ziel konzentrieren und wie mit Scheuklappen vor den Augen die kleinen Dinge des Alltags nicht mehr wahrnehmen. Wenn du ganz klare Ziele hast, wenn du also genau weißt, was du in fünf, zehn, oder zwanzig Jahren sein willst, wie du leben willst, gratuliere ich dir. Denn dann gehörst du auch zu den wenigen Menschen in unserem Land, die wirklich etwas bewegen und nicht nur immer brav die Dinge ausführen, die sie von anderen aufgetragen bekommen. Wenn du es jetzt noch schaffst, dass du dein Ziel loslassen kannst, das heißt, du arbeitest nicht verbissen darauf hin, sondern gelassen und mit viel Freude, dann bist du auf dem besten Weg zu einem **erfüllten** und **glücklichen** Leben.

Einer meiner Freunde hat mir gesagt, er finde es sinnlos, sich Ziele zu setzen und auf diese hinzuarbeiten. Er lasse lieber jeden Tag auf sich zukommen. Zum einen denke ich, dieser Mensch hat seine wahre Lebensaufgabe, seinen wahren Sinn, warum er auf der Welt ist, noch nicht entdeckt. Vielleicht ist seine Persönlichkeit noch nicht reif genug, um mit dieser Aufgabe sinnvoll umzugehen. Und zum anderen kann auch das bereits ein Ziel sein. Einfach in den Tag hineinleben und schauen was kommt.

Selbst wenn das in meinen Augen nicht viel bringt, so kann auch das für einige Menschen ein erstrebenswertes Ziel sein. Lass dir bitte von niemandem sagen, welche Ziele gut für dich sind! **Entscheide immer selbst!** Das, was für mich gut ist, kann für einen anderen Menschen schädlich sein. Das, was für dich das Beste ist, kannst nur du allein entscheiden. Ich kann dir zwar Hilfestellungen anbieten, entscheiden jedoch darfst du selbst. Immer wieder gibt es **»Gurus«,** die versuchen, uns weiszumachen, dass sie die **»einzige«** Methode gefunden haben, wie man zu Glück und Wohlstand kommt. Vor solchen Menschen bin ich ganz besonders auf der Hut. Die einzige und beste Methode gibt es nicht. Es gibt immer mehrere Möglichkeiten. Für welche du dich letztendlich entscheidest, das bestimmst **du selbst!**

Unsere Motivationsmaschine

Menschen motivieren sich vorwiegend aufgrund von zwei Gefühlen. Gesteuert werden diese Gefühle von unserer Motivationsmaschine, die wir in uns haben. Was sind das für zwei Gefühle?

- Schmerz

- Freude

Im Grunde machen wir alles, um **Schmerz zu vermeiden** oder um **Freude zu gewinnen**. Eigentlich möchte ich mehr Gehalt. Wenn da nicht das Gespräch mit meinem Boss wäre. Jetzt läuft in uns blitzartig ein Programm und entscheidet zwischen Schmerz vermeiden und Freude gewinnen. Wenn ich meinen Boss nach mehr Gehalt frage und er daraufhin wieder sauer und zornig wird, ist das für mich nicht sehr angenehm.

Also entscheide ich mich für Schmerz vermeiden und verzichte auf mehr Gehalt. Leider reagieren viele Menschen auf diese Weise. Wem jetzt allerdings das »Freude - gewinnen - Gefühl« wesentlich wichtiger ist, der entscheidet sich in einer solchen Situation bei diesem Gespräch hart zu bleiben und wird auf diese Weise sein Ziel erreichen. Somit hat er mehr Geld und damit das ursprüngliche »Freude - gewinnen - Gefühl« befriedigt.

Diese Programme laufen **unbewusst** und in **Sekundenbruchteilen** ab.

Ein Raucher, dem sein Arzt diagnostiziert hat, dass er, falls er nicht damit aufhört, Krebs bekommt, wird vermutlich diesen Schmerz gerne vermeiden wollen und damit aufhören. Ein Raucher, bei dem das Gefühl der Freude beim Rauchen größer ist als dieser Schmerz, kann nicht damit aufhören, bevor er dieses Gefühl nicht verändert hat.

Immer wieder gibt es neue Diäten. Noch bessere Diäten, die noch mehr Gewichtabnahme in kürzerer Zeit versprechen. Vielleicht hast du einige davon bereits ausprobiert. Vielleicht hast du dabei auch nach wenigen Wochen wieder um ein Vielfaches an Gewicht zugenommen. Solange wir unbewusst beim Essen mehr Freude empfinden, als uns das Dicksein Schmerz bereitet, können wird Diät um Diät ausprobieren und keine wird funktionieren. Wenn wir es schaffen, Freude am eigenen schlanken Körper zu verspüren, fällt es uns leichter, das auch zu erreichen. Selbstverständlich spielen in diesem Bereich auch noch andere Faktoren eine Rolle, doch darüber später mehr.

Woher kommt Motivation?

Motivation, das neue Schlagwort unserer heutigen Zeit. Immer mehr Firmen versuchen, ihre Mitarbeiter mit Geld zu motivieren. Auch Eltern versuchen, Kinder mit Geld zu motivieren. Wenn du heute schön artig bist, bekommst du nächsten Monat mehr Taschengeld. Funktioniert diese Art von Motivation tatsächlich oder nur scheinbar?

Dieses Prinzip vergleiche ich mit dem **»Esel-Karotten-Syndrom«**. Wenn wir einem Esel eine Karotte mit einem Holzstab einen halben Meter vor das Gesicht halten, so wird der Esel der Karotte nachjagen und somit den Karren mit unseren Zielen nach vorne ziehen.

Was jedoch, wenn der Esel das Spiel durchschaut, dass er die Karotte überhaupt nicht erreichen kann? Viele Mitarbeiter bekommen von ihrem Chef Ziele **aufgebrummt**, die sie nie erreichen können, da sie eine ganz andere **Persönlichkeitsstruktur** aufweisen. Oder was ist, wenn der Esel überhaupt nicht hungrig ist? Dann können wir ihm die saftigste Karotte vorne hinhängen und er wird stur stehenbleiben. So wie es Esel eben gerne tun.

Mit Geld kann ich Menschen motivieren, die ausschließlich dem Geld nachlaufen. Wer bereits genug Geld zum Leben hat, den können wir mit Geld alleine nicht dauerhaft motivieren.

Zuerst muss der Wunsch nach einer Veränderung vorhanden sein.

Woher kommt eigentlich Motivation?

In dem Wort Motivation steckt dafür auch gleich die Lösung: **Motiv!** Nur wer ein Motiv, also ein Bild, Ziel, eine Vision vor sich hat, ist auch motiviert. Wenn Kinder an einem heißen Sommertag das Bild von einem Eis vor sich haben, dann brauchst du diese Kinder nicht motivieren, um ein Eis zu bitten. Die Kinder sind aufs höchste selbst motiviert, Papi oder Mami um Geld für das Eis zu bitten.

Wenn du verliebt bist, braucht dich niemand motivieren, du bist selbst motiviert genug, dieses Gefühl des Verliebtseins zu verstärken. Chefs, die es verstehen, die Wünsche ihrer Mitarbeiter zu erkennen und die Prämien gemeinsam ausarbeiten, haben garantiert Mitarbeiter, die das Beste geben. Da mir Weiterbildung und persönliches Wachstum sehr wichtig sind, kann mich niemand mit Geld alleine motivieren. Mit einem Seminargutschein sehr wohl. Jeder Mensch kann sich dauerhaft nur selbst motivieren um wirklich frei zu sein. Andere Menschen können uns zwar ab und zu wieder einen Tritt in den Hintern geben, dauerhaft jedoch motiviert sind wir nur, wenn wir unsere eigenen Ziele, unsere eigene **Lebensaufgabe** verfolgen.

Antrieb für die Partnerschaft.

Was hält eine Beziehung zusammen? Warum fällt es manchen Paaren überaus leicht jeden Tag aufs Neue Glück und Aufregung zu erleben? Warum trennen sich viele Paare, wenn die Kinder versorgt sind?

Ich will versuchen, auf diese Fragen etwas genauer einzugehen. Da für mich ein ausgeglichenes Familienleben eine sehr große Rolle spielt, ist es mir schon seit langem ein Anliegen, diese Bereiche etwas genauer zu untersuchen. Ich konnte bis jetzt folgende interessante Zusammenhänge erkennen:

Wenn sich zwei Menschen verlieben, knistert und prickelt es von allen Seiten. Jeden Tag haben wir **neue Ziele,** unseren Partner neu zu entdecken. Dann kommen vielleicht Kinder. Jetzt gilt die ganze Aufmerksamkeit den Kindern. Wieder haben wir ein klares Ziel vor Augen. Unseren Kindern eine glückliche Kindheit zu schaffen.

Dazwischen wird vielleicht noch ein Haus gebaut oder eine Wohnung neu eingerichtet. Auch da gibt es wieder ausreichend Ziele: Wie soll das Wohnzimmer aussehen? Wie sollen wir die Küche gestalten? Vielleicht erkennst du bereits:

Während dieser Zeit haben wir **viele gemeinsame Ziele,** für die es sich lohnt, jeden Tag früh aufzustehen und oft noch bis in die späte Nacht zu arbeiten. Doch jetzt kommt der kritische Punkt:

Die Kinder sind versorgt und ziehen aus, sie gehen ihre eigenen Wege. Die Schulden für das Haus sind abbezahlt. Beide Lebenspartner haben ihre eigene Arbeit, können sich also gut selbst versorgen. Interessen klaffen auseinander. Es wird langweilig. Genau zu dem Zeitpunkt tritt oft ein neuer, interessanterer Partner in das Leben und das Paar trennt sich. Was zurück bleibt ist Schmerz.

Selbstverständlich gibt es ausreichende Gründe für eine Trennung, doch habe ich festgestellt, wenn Paare keine gemeinsamen Ziele mehr vor sich haben, keine gemeinsame Aufgabe, die sie fordert, für die es sich lohnt zu leben und zu lieben, dann wird es sehr schnell langweilig. Wenn Paare es dann noch versäumen für Abwechslung und aufregende Aktivitäten in der eigenen Partnerschaft zu sorgen, dann führt dies sehr oft zu Frustration und schlussendlich zur Trennung.

Paare, die es schaffen, immer wieder gemeinsame Ziele zu finden, die beiden Spaß und Freude bereiten und auch sonst für verrückte Dinge in der Partnerschaft aufgeschlossen sind, haben wesentlich mehr Motivation jeden Tag das Beste zu geben.

Was ist dabei, wenn wir unseren Partner auch noch nach Jahren wieder einmal so in den Arm nehmen und verwöhnen wie zu Beginn, wo es noch so richtig im Bauch gekribbelt hat?

Oder **verrückte** Dinge **gemeinsam** unternehmen?

Ein heißes Abenteuer im Auto, so wie früher. Oder bei strömendem Regen durch die Stadt spazieren und sich dabei so vergnügen, wie Kinder es tun?

Je besser Paare es schaffen, gemeinsame Ziele zu finden und für Abwechslung zu sorgen, um so größer ist die Chance für eine glückliche Beziehung.

Vielleicht verhalten sich manche Menschen bei diesen Dingen deshalb so dumm, da man ihnen als Kind gesagt hat: **»Erwachsene«** Menschen machen keine **»blöden Dinge«,** oder »Das Leben ist hart«.

Wenn wir uns bewusst werden, dass manche dieser Programme heute als Erwachsene für uns nicht mehr gültig sind, können wir uns von diesen Fesseln lösen.

Wachstum oder Stillstand?

Ich habe schon genug erreicht. Ich will nicht noch mehr. Ich bin zufrieden mit dem, was ich habe. Wenn man zuviel hat, wird man unzufrieden. Kennst du solche oder ähnliche Aussagen? Ich finde diese Aussagen gefährlich. Damit schaden wir uns selbst am meisten.

> **Selbst der größte Bonsai hat das Bestreben zu wachsen.**
>
> **Emmerich Kirschner**

Du kennst sicher diese kleinen Bäume: Bonsai werden sehr alt und bleiben trotzdem klein. Diese Bäume haben das Bestreben, jeden Tag, jede Minute, ja, jede Sekunde sich zu verändern, zu wachsen. Wir merken es kaum und doch verändern sich diese Bäume. Alles in der Natur ist einem Kreislauf unterworfen. Es **fließt** in diesem Kreislauf. Aus einem Apfelkern wächst ein Apfelbaum. Dieser Baum wird größer und immer größer. Was passiert, wenn der Baum nicht mehr wachsen darf, wenn wir ihn umschneiden?

Richtig, der Baum stirbt. Er stirbt aber nicht wirklich. Er verändert nur seine Form. Er wird verbrannt und verwandelt sich in Wärme und dann zu Asche. Oder er verfault und wird wieder zu Erde. Wie kommen wir Menschen bloß auf die bescheuerte Idee, wir bräuchten uns nicht zu verändern, wir bräuchten nicht zu wachsen. Geistig und körperlich versteht sich.

Alles in der Natur fließt. Einige Menschen behaupten, Veränderungen seien nicht gut. Wenn ich einmal etwas gelernt habe, hat es immer Gültigkeit. Wenn ich mich einmal verändert habe, reicht es aus.

Viele Menschen mit diesen Überzeugungen erfahren oft einen Schicksalsschlag nach dem anderen. Die Natur gibt es uns vor. **»Leben heißt Veränderung«**, heißt Wachstum. Wie schnell oder langsam und in welche Richtung, das bleibt immer noch uns selbst überlassen. Wenn wir solche Veränderungen, die einfach nötig sind, nicht rechtzeitig erkennen, so hilft uns das Leben lediglich dabei, diese Veränderungen (Chancen) zu erkennen. Wir können sie wahrnehmen und daran wachsen und die Früchte ernten oder sie als ungelöste Probleme in unserer geistigen Besenkammer abstellen.

Dann brauchen wir uns jedoch nicht wundern, wenn das nächste Problem nicht lange auf sich warten lässt und sogar noch etwas stärker auf uns zukommt, da wir den ersten Impuls nicht als Lernchance erkannt hatten. Solange wir es nicht verstehen, Botschaften, die uns unser Körper sendet als Lernchancen zu erkennen und wir diesen Teil in uns integrieren, solange werden Herzinfarkte, Schlaganfälle, diverse Unfälle, Allergien und sonstige Symptome ständig unsere Wegbegleiter sein.

Was machst du, wenn die Ölkontrolllampe deines Wagens aufleuchtet? Na klar, du fährst in die Werkstatt und lässt den Schaden beheben. Oder klebst du vielleicht die Kontrolllampe mit einem Klebeband zu, damit du das Licht nicht mehr siehst?

Absurd, oder? Aber genau so verhalten wir uns mit Krankheiten, wenn wir den Sinn dahinter nicht erkennen können oder wollen und oberflächlich nur die **Symptome**, nur die Kontrolllampe, reparieren.

Menschen, die es schaffen, Herausforderungen ihres Lebens zu lösen, gehen scheinbar problemlos durchs Leben. In Wirklichkeit haben es sich diese Menschen zur Aufgabe gemacht, Chancen wahrzunehmen und an Herausforderungen zu wachsen. Was Herausforderungen für einen Lernprozess beinhalten, erkennen wir meist erst später.

Mein Opa hat mir einen Satz mitgegeben, den ich nie vergessen werde und hier weitergeben möchte.

Das Leben verändert sich ständig. Das Beste ist, wir verändern uns mit!

Eiter Josef

4. Jeder ist selbstständig

Das Leben selbst bestimmen.

Diese Aussage ist für manche Menschen oft schmerzhaft. Jeder kann sich sein Leben selbst bestimmen. Das sagt bereits ein Sprichwort: Wie man sich bettet, so liegt man. Warum wird dieser Satz von so vielen Menschen nicht akzeptiert? Kennst du folgende Aussagen:

- Ich kann mein Gehalt nicht verdoppeln, ich bin nur angestellt.

- Ich kann diesen Kurs nicht besuchen, ich kann nämlich kein Englisch.

- Ich kann mir das nicht leisten, denn ich habe nicht so viel Geld.

- ....

Zum ersten Punkt. Wenn ich mir zum Ziel setze, zu einem bestimmten Datum mein Gehalt zu verdoppeln, so ist dies zuerst ein Ziel. Mit dieser Aussage, ich kann mein Gehalt nicht verdoppeln, da ich nur angestellt bin, blockiere ich mich selbst. Wenn ich auf diesem Punkt verharre, dann kann ich mein Ziel nur schwer erreichen. Wenn ich davon ausgehe, dass ich mein Ziel unbedingt erreichen will, dann brauche ich lediglich meinen Blickwinkel zu verändern. Wenn ich zum Beispiel nach Möglichkeiten suche, selbstständig zu werden, da ich meinem Hobby bzw. meiner Lebensaufgabe nachgehen will, so hat sich mein **Blickwinkel verändert**. Von diesem Standpunkt aus gesehen, ist dieses Ziel plötzlich erreichbar. Solange wir an einem bestimmten Punkt festhalten, haben wir nur eingeschränkte Möglichkeiten.

Um neue Möglichkeiten zu entdecken, müssen wir unsere Fragen ändern. Viele Menschen stellen sich viel zu oft die **»Warum Frage«**. **Warum** bin ich so? **Warum** habe ich diese Krankheit? **Warum** treffe ich immer wieder auf solche Menschen? Diese Fragen sind ab und zu gut, um zu erkennen, woher das Problem kommt. Dann allerdings sollte man einen Punkt machen. Man könnte ein Leben lang nach dem **»Warum«** fragen, ohne wirklich weiterzukommen.

Wenn wir uns Fragen stellen wie zum Beispiel **Wie?** oder **Was?**, dann bekommen wir automatisch andere Chancen, andere Antworten und Möglichkeiten. Wie kann ich das erreichen? Was kann ich tun, um das zu bekommen? Diese Art der Fragen stimulieren in unserem Gehirn einen bestimmten Bereich, der dafür zuständig ist, dass wir neue Antworten im Hinblick auf die Zielerreichung erhalten. Dieses Thema behandle ich ausführlich in meinem Buch: **»Vom Traum Zum Ziel«**. Informationen hierzu findest du am Ende dieses Buches.

Lebe frei und selbstbewusst!

Ich gehe davon aus, dass mehr als die Hälfte aller Menschen nicht wirklich frei und selbstbewusst lebt so wie es für diese Menschen eigentlich bestimmt wäre. Ständig werden wir von andern Menschen geprägt und beeinflusst. Das ganze Spiel beginnt schon in der Kindheit.

Zum Zeitpunkt der Zeugung waren wir alle noch frei und unser Selbstbewusstsein war voll ausgeprägt. Bereits ab diesem Zeitpunkt läuft die Beeinflussung und Einschränkung durch unsere Mitmenschen. Viele Mütter übertragen ihre ungelösten Ängste, Sorgen, Befürchtungen mittels ihrer Gedanken automatisch auf das Kind. Bereits im Mutterleib werden wir von unseren Eltern geprägt. Hatten wir sorgenvolle Eltern, so wurden wir zu Beginn unseres Lebens mit sorgenvollen Gedanken überhäuft. Hatten wir Eltern, die mit uns wenig sprachen solange wir noch im Bauch waren, so prägte uns auch dies.

Doch was auch passierte, wir dürfen niemandem einen Vorwurf machen, da wir uns alles selbst ausgesucht haben. Sogar unsere Eltern und unseren Ort der Geburt. Viele Eltern wissen nicht, dass uns das Kind im Mutterleib bereits hören kann und auch emotional alles wahrnimmt. Um so schöner ist es daran zu denken, dass immer mehr Mütter und Väter sich bereits in diesem Stadium liebevoll um ihr Kind kümmern und auch viel mit ihm sprechen. Doch gehen wir weiter. Wenn das Kind geboren wird, geht das Spiel weiter. So, wie die Eltern leben, die Art des Miteinander, all das beginnt das Kind bereits **nachzuahmen**. Nie mehr in unserem ganzen Leben lernen wir so viel und so schnell wie in den ersten Lebensjahren. Wenn sich ein Elternteil ständig Sorgen macht, übernehmen wir als Kind ebenfalls diese Sorgen, da wir zu unseren Eltern in dieser Zeit eine starke Bindung haben. Wenn sich Paare oft streiten während wir heranwachsen, so belastet uns diese Situation selbst dann noch, wenn wir bereits erwachsen sind. Es sei denn, wir haben es bis dahin geschafft, diese Gefühle aufzulösen. In der Schule werden wir dann weiter geprägt und genormt. Wir ahmen unsere Lehrer nach, unsere Mitschüler und viele andere Menschen, die uns während dieser Zeit nahe sind.

Dieses Spiel geht immer so weiter, bis ein Mensch **»Er-Wach-sen«** wird und begreift, was da passiert. Ab diesem Zeitpunkt können wir alle diese Überzeugungen und Meinungen anderer Menschen, welche nicht wirklich mit uns übereinstimmen, über Bord werfen und somit wieder der **freie Mensch** werden, der wir zu Beginn unseres Seins auf diesem Planeten waren. Schauen wir uns doch so eine typische Überzeugung, welche die meisten von uns erfahren haben, einmal genauer an.

»Iss den Teller leer, damit du groß und stark wirst«.

Diese Überzeugung oder ähnliche sind für viele Menschen mit ein Grund, dass sie statt abzunehmen sogar immer mehr zunehmen.

Doch warum ist diese Aussage schädlich? Zum Zeitpunkt, als wir diesen Satz das erste Mal hörten, hatte er durchaus noch seine Richtigkeit. Wir waren noch klein und hatten oft keine Zeit, da wir lieber gleich wieder spielen wollten. Wenn wir den Teller leer essen, damit wir groß und stark werden, so macht uns das als Kind noch nicht viel aus. Da wir uns zu dieser Zeit genügend bewegten, konnten wir diese Nahrung gut verarbeiten. Übrigens sollten wir unsere Kinder selbst entscheiden lassen, wie viel sie essen. Sie wissen es nämlich **intuitiv** besser als wir.

Doch zurück zu unserem Beispiel: Diesen Satz hörten wir noch unzählige Male in unserem Leben. So oft, dass er sich tief in uns als **unbewusstes Programm** festgefressen hat. Er wurde im Unterbewusstsein gespeichert. Wenn wir jetzt als Erwachsene eine Speise zu uns nehmen, sagt uns niemand mehr, wir sollten den Teller leer essen. Trotzdem halten wir uns genau an dieses Programm. Anstatt aufzuhören, wenn wir genug haben und den Teller beiseite zu stellen, stopfen wir uns mit unnötigem Ballast voll.

Das können wir übrigens auch in anderen Bereichen feststellen: Viele Übergewichtige stopfen sich nicht nur mit zu viel Nahrung voll, sondern auch mit unnötigem geistigem Ballast. Indem wir uns dieses Programm einmal bewusst gemacht haben, den halbvollen Teller beiseite schieben und sogar noch mit körperlicher Betätigung beginnen, ab diesem Zeitpunkt befreien wir uns von diesem Programm. Mit dieser Methode sollten wir einmal Bereich für

Bereich unseres Lebens durchleuchten und genau feststellen: Welches Programm (Verhalten) ist wirklich von mir gewollt und welches ist nur von meiner Umwelt antrainiert? Wer ernsthaft daran interessiert ist, mit solchen antrainierten Verhaltensweisen im Schnellzugtempo aufzuräumen, dem gebe ich gerne Adressen von hervorragenden Menschen weiter, die es verstehen, solche Programme innerhalb kürzester Zeit aufzulösen.

Die befreiende Wirkung spürt man sofort. Es ist dasselbe Gefühl, wie wenn ich einen 50 Kilogramm schweren Rucksack auf einmal ablegen kann. Wenn dich das interessiert, schreib mir einfach oder schau auf meiner Homepage, unter »Linktipps« nach. Dort habe ich diese Adressen angeführt.

Lebensspiralen.

Vielleicht kennst du auch Menschen, die immer wieder Krankheiten bekommen oder oft Unfälle erleiden, immer auf arrogante Menschen treffen usw. Es scheint, als ob sie den Misserfolg gepachtet hätten.

Ich habe einmal beobachtet, was bei solch einem Menschen alles abläuft: Das beginnt bereits damit, dass sich diese Menschen meist selbst nicht lieben. Wie sollten sie dann positiv und aufbauend auf andere Menschen wirken? Bereits im Denken eines Menschen erkennt man, wenn er sich auf der Negativ - Spirale befindet.

- Immer passiert mir so etwas...

- Ach, was bin ich doch für ein Idiot

- Nie habe ich genug Geld

- Keiner liebt mich

- Andere haben es viel besser

- ....

Wer mein Buch **»Vom Traum Zum Ziel«** kennt, der weiß, dass sich solche Gedanken (immer wiederholt) mit hundertprozentiger Sicherheit verwirklichen. Wenn sich jedoch diese Gedanken verwirklichen, dürfen wir uns nicht wundern, wenn es uns nicht besonders gut geht. Wir sprechen zu uns meist nur abwertend. Wie geht es Menschen, die immer nur jammern, erfolgreiche und glückliche Menschen kritisieren und nichts für das persönliche Wachstum übrig haben? Wie verhext ziehen sie sich immer wieder solche Situationen in ihr Leben.

Es ist so wie bei einer Spirale, auf der man sich nach unten bewegt. Was gibt es denn für eine Möglichkeit, die Richtung zu wechseln, fragst du dich jetzt vielleicht?

Um überhaupt die Richtung zu verändern, muss ich zuerst einmal stehen bleiben, über mich nachdenken und aus der Spirale aussteigen. Erst dann, nachdem ich die negative Spirale gestoppt habe, ausgestiegen bin und über mich nachgedacht habe, kann ich die Richtung verändern.

Jetzt kann ich darüber nachdenken, wie ich es gerne hätte, um dann anschließend auf die positive Spirale aufzuspringen, die mich nach oben bringt. Die meisten Gesetze des Erfolges sind einfach. Vielleicht fällt es uns allen gerade deshalb so schwer, diese Gesetze auch anzuwenden. Wir glauben, dass wir zuerst immer alles hundertprozentig verstehen müssen um es anzuwenden. Vielfach verbauen wir in uns auf diese Weise den Weg zu uns selbst.

Wenn- Dann- Syndrom.

Wenn ich erst einmal viel Geld habe, dann...
Wenn ich bessere Möglichkeiten hätte...
Wenn ich mehr Talent hätte...

Wenn ich erst einmal viel Geld habe, dann lebe ich so, wie ich es mir immer erträumt habe. Das heißt im Klartext, dass ich momentan mit meinem Leben nicht zufrieden bin und alles in die ferne Zukunft verschiebe. Auf diese Weise brauche ich mich nicht zu verändern, keine Herausforderungen des Lebens anzunehmen und ich brauche auch keine Verantwortung für mein Handeln übernehmen.

Was wäre, wenn ich mir **jetzt** schon Gedanken machen würde, was mich erfüllt und mir Freude und Glück beschert. Vielleicht gibt es sogar Möglichkeiten, diese Dinge jetzt schon auf irgendeine Weise zu beginnen. Dann hätte ich **jetzt** bereits Freude, und ich könnte auf diese Weise immer weiter in meine **wahre Lebensaufgabe** hinein wachsen.

Wenn, Dann, sind vermutlich die am meisten verbreiteten Ausreden, die es gibt. Wenn ich zu bequem bin, eine unangenehme Situation zu verändern, dann kann ich mich wunderbar hinter dieser Fassade verstecken. Selbstverständlich lassen sich manche Herausforderungen des Alltags mit einem Haufen Geld wesentlich leichter lösen als mit einem Konto, auf dem sich ein dickes Minus breitgemacht hat. Doch sollte es keine Entschuldigung sein, immer erst darauf zu warten, dass sich unsere Rahmenbedingungen ändern, ehe wir bei uns selbst beginnen.

Es fällt uns oft schwer, unseren Standpunkt zu verändern. Meistens hat uns bereits diese Veränderung viel Kraft gekostet. Firmen, die glauben, es könnte immer so weiter gehen wie in den letzten 30 Jahren, die wird es bald nicht mehr geben.

Dieses Beispiel aus dem Geschäftsleben können wir auch im privaten Bereich anwenden. Wer glaubt, mit dem einmal erlernten Beruf, mit dem **einmal besuchten** Seminar, bzw. dem **einmal gelesenen** Buch über persönliches Wachstum wird sich alles ändern, wird sich vermutlich irren. Menschen, die im Alltag wirklich weiterkommen, haben längst erkannt, dass Weiterbildung ein fortlaufender Prozess ist. Weiterbildung sollte Spaß machen. Wenn ich Freude empfinde beim Lesen eines Buches, werde ich wesentlich mehr davon behalten und letztendlich auch umsetzen, als wenn ich es als lästige Pflicht ansehe.
Jetzt beginne ich mit meinen großen Wünschen und Träumen, jetzt beginne ich damit, erste Schritte zu unternehmen. Mehr über dieses Thema: Wie finde ich das richtige Ziel und wie komme ich dorthin, kannst du in meinem Buch **»Vom Traum Zum Ziel«** nachlesen. Zu bestellen am Ende dieses Buches.

Keine Zeit, um richtig zu leben.

Ebenfalls als Ausrede benützen wir den Ausspruch: Dafür habe ich leider keine Zeit. Keine Zeit für das wirklich Wichtige? Keine Zeit für das eigene Leben? Keine Zeit für mich selbst? Da gibt es Menschen, die behaupten ganz stur, sie hätten keine Zeit zum Lesen eines guten Buches.
So war es vor einigen Jahren auch bei mir. Dann habe ich einmal private Inventur gemacht. Durch meine Mitgliedschaft bei drei Vereinen - immer und überall musste ich im Mittelpunkt stehen - und mit dem Fernsehkonsum brachte ich es auf bis zu 10 Stunden pro Woche. Meistens ließ ich mich ohnehin nur mit Nachrichten oder nichtssagenden Filmen berieseln. Heute schaue ich mir maximal einen guten Film am Wochenende an, beziehungsweise einige für mich interessante Dokumentations-sendungen, an denen ich persönlich wachsen kann.
Sobald wir einmal entschieden haben, was wirklich wichtig für uns ist und uns auf diese Dinge **konzentrieren**, haben wir plötzlich mehr Zeit zur Verfügung. Das heißt natürlich nicht, dass wir wirklich mehr Zeit haben, sondern dass wir uns nur noch auf das **Wesentliche konzentrieren**. Somit empfinden wir diese Zeit **subjektiv** als mehr.

> **Zehn Minuten beim Zahnarzt empfinden wir länger, als zwei Stunden mit unserer neuen Liebe obwohl es die gleiche Zeit ist.**
>
> Emmerich Kirschner

5. Naturgesetze

Muss immer alles beweisbar sein?

Ich glaube nur das, was sehe oder zumindest schon selbst erlebt habe. Steckt in diesem Satz eine wertvolle Botschaft oder ist es wieder nur so eine wunderbare Methode, um uns vor dem Wesentlichen zu verstecken? Ich behaupte, dass Menschen, die immer zuerst alles schwarz auf weiß bewiesen haben möchten, die größte Kraft in sich brach liegen lassen.

Wir Menschen sind schon eigenartige Wesen. Kaufen wir einen Fernsehapparat mit der neuesten Technologie, dann sind wir bereit zu akzeptieren, dass das Gerät auch funktioniert. Keiner käme darauf, zuerst Fernsehtechniker zu studieren, um zu wissen, ob das überhaupt so sein darf. Nein, wir verlassen uns auf die Technik und freuen uns darauf, die Lotto - Ziehung jetzt in einer wesentlich besseren Qualität zu verfolgen. Welch Schreck, wenn jemand daherkommt und sagt, das Leben ist im Grunde ganz einfach. Jeder Mensch hat alle Fähigkeiten bereits in sich, um es optimal zu gestalten.

In diesem Fall hören wir die verrücktesten Aussagen:

- Das kann doch nicht so einfach sein.

- wenn das so leicht ginge, dann würde es doch jeder machen .
- das hat noch niemand geschafft.
- das entspricht nicht den Erfahrungswerten...

Warum stimmen wir bestimmten Bereichen einfach vorbehaltlos zu, ohne erklären zu können, ob es so funktionieren kann oder darf, während wir in Angelegenheiten unseres eigenen Wachstums uns oft so stur verhalten. Ich denke, es liegt wieder nur daran, ob wir damit Spaß verbinden oder unsere eigenen Probleme lösen wollen. Der Nutzen des Fernsehapparats ist uns allen klar. Die Lotto - Ziehung oder der Karneval von Rio auf einem farbenprächtigen Bildschirm ist doch ein richtiger Genuss, oder?

Hingegen unser Leben zu meistern und unsere Probleme zu lösen ist oft weniger angenehm. Das bedeutet vielfach Veränderung. Etwas Neues auszuprobieren, all die Dinge, die möglicherweise keine Gültigkeit mehr haben loszulassen, ist schon schwieriger. Da steckt Arbeit dahinter und Arbeit haben wir sowieso schon viel zu viel. Was meinst du? Steckt darin vielleicht ein Körnchen Wahrheit? Fällt es uns leichter, einen Film im Fernsehen anzuschauen, als selbst etwas für uns zu tun?

Warum fällt es uns leichter, zwei Stunden am Sonntagnachmittag mit anzusehen, wie Top - Rennfahrer im Kreis herumfahren und dabei Millionen verdienen, als einfach aufzustehen, die frische Luft zu genießen, einen Spaziergang zu unternehmen oder sogar eine halbe Stunde zu joggen? Ich möchte Menschen dazu verhelfen, **frei** und **selbstbewusst** das Leben zu genießen. Deshalb entscheide bitte selbst, worauf du den größten Wert legst. Jeder Mensch weiß am besten, was ihm gut tut, nur haben wir es verlernt, auf diese versteckten Botschaften zu hören. In diesem Buch helfe ich dir dabei, die Botschaften, die aus dir selbst kommen, zu erkennen. Auch hier können wir wieder viel von Kindern lernen. Kinder probieren Neues einfach aus und haben dabei Spaß. Sie hinterfragen nicht ständig alles, sondern setzen es in die Tat um. Wenn wir uns mit Freude auf etwas Neues einlassen, haben wir wesentlich größere Chancen, etwas Positives daraus zu machen.

Die Natur, unser großes Vorbild.

Ein Blick in die Natur genügt, um zu erkennen, dass das Leben an und für sich aus purem Wohlstand besteht. Jeder Baum, jede Blume und jedes Tier, sie alle haben eine bestimmte Aufgabe auf diesem Planeten zu erfüllen. Diese erfüllen sie meist hervorragend. Mal abgesehen von einigen wenigen kranken und schwachen Lebewesen, leben diese Wesen ein Leben in Fülle .

Sie konzentrieren sich auf diese eine Aufgabe. Die Biene fragt sich nicht, wie sie in das Weltall fliegen kann. Nein, sie **konzentriert** sich auf **ihre Aufgabe**, Blumen zu bestäuben und Honig zu sammeln. Wenn Heuschrecken das Land befallen, fragen sie nicht, ob sie das dürfen, sie machen es einfach. Ich denke, das mit dem wirklichen Leben verhält sich ähnlich.

Durch meine Beobachtungen, bin ich zu folgendem Schluss gekommen:

Das Leben hat für die meisten Menschen ein wunderbares, glückliches Leben in Wohlstand vorgesehen. Wir allein entscheiden uns für Erfolg oder für Misserfolg. Ameisen schleppen Tag für Tag ein Vielfaches ihres eigenen Gewichts mit sich herum. Sie sind emsig und leisten viel. Selbstverständlich ist es die Aufgabe der Ameisen. Was passiert aber, wenn eine der Ameisen nach oben zum Himmel schaut?

Richtig, sie entdeckt einen Adler. Ein großes Tier, welches majestätisch dort oben in der Sonne große Kreise zieht. Ohne Anstrengung. Durch die Kraft des Windes lässt er sich treiben. Viele Menschen **»ameisen«** jeden Tag durchs Berufsleben und haben vor lauter Stress keine Zeit mehr für sich selbst, für ihre wahre Aufgabe, für **Wünsche**, die Entfaltung ihrer **Talente** oder andere vergnügliche Dinge. Warum ist das so? Warum leben viele Menschen ein Leben unter ihrer Würde und vor allen Dingen, warum behandeln Menschen ihr kostbarstes Gut, den eigenen Körper, so schlecht?

Magnetfeld Erde.

Hättest du vor zweihundert Jahren behauptet, es wäre irgendwann möglich, mit einem kleinen Gerät, kleiner als eine Hand (heute auch Handy genannt), mit Menschen zu kommunizieren, so hätte man dich vielleicht verspottet, ausgelacht oder sogar eingesperrt. Auf jeden Fall hätte man dich für verrückt erklärt. Doch wie sieht die Realität heute aus?

Selbst heute gibt es Dinge auf unserem Planeten, die können wir noch nicht logisch, rational, wissenschaftlich oder was es sonst noch für Fachbegriffe gibt, erklären und trotzdem gibt es bestimmte Gesetzmäßigkeiten, ob du nun daran glaubst oder nicht. Wenn heute jemand behaupten würde, ein bestimmtes Schwingungsfeld umgibt die Erde, so würde das für viele Menschen befremdlich klingen. Bestimmte Dinge können wir eben erst in vielen Jahren wissenschaftlich beweisen.

Vielleicht verbauen wir uns auf diese Weise jedoch den Weg zu unserem Erfolg? Ich bin mittlerweile überzeugt, dass auf unserem Planeten Schwingungen vorhanden sind, durch welche wir mit allem auf unserem Planeten gedanklich jederzeit in Verbindung treten können. Das kann für wichtige Entscheidungen sehr wirkungsvoll sein. Ich überlasse es jedoch deiner persönlichen spirituellen Reife inwieweit du diesen Gedanken folgen kannst.

Heute ist es möglich, bestimmte Wellen zu senden und dadurch Töne und Bilder über weite Strecken ohne Kabel zu transportieren. Ich denke, es gibt noch viele solcher Schwingungsmuster, die wir bisher nur noch nicht wahrnehmen konnten. Wenn wir es schaffen, die eigene Schwingung dieser Frequenz anzupassen, haben wir die Möglichkeit, gedanklich Zeit und Raum zu verlassen. Wir können somit Probleme aus einem **veränderten Blickwinkel** ganz anders wahrnehmen.

Immer wieder gibt es Menschen, die wegen jeder Kleinigkeit nörgeln und meckern.

-       Das Essen ist zu kalt.
-       Der Doofe vor mir fährt viel zu langsam.
-       Alle Verkäufer sind Betrüger.
-       ...

Diesen Menschen begegnen auch immer solche unangenehmen Situationen. Ein altes Sprichwort sagt:

> **So, wie du in den Wald hineinrufst,**
>
> **schallt es zurück.**
>
> **Quelle unbekannt**

Wenn wir diesen Punkt aus der Perspektive betrachten, dass alles Schwingung ist und Gedanken nur eine Form von Energie, eben eine sehr hohe

Form der Schwingung, so können wir sehr schnell etwas erkennen:
Wer ständig abwertende Gedanken versendet, bekommt genau solche Reaktionen zurück. Wer hingegen Gedanken der Liebe, Wärme, Gesundheit, des Lichts und dergleichen aussendet, auch der bekommt diese Energie wieder retour. Jedoch auf wesentlich angenehmere Art und Weise. Ich gebe dir eine Übung weiter, die so einfach ist, dass sie vielen Menschen zu einfach erscheint.

Aus eigener und der Erfahrung einiger Freunde und Bekannten weiß ich, dass du mit dieser Übung sehr wirkungsvoll alltägliche Probleme lösen kannst ohne dir dabei zu viele Gedanken machen zu müssen, wie das Problem am besten zu lösen ist.

Diese Übung funktioniert vermutlich nicht, wenn du von vornherein bereits starke Zweifel daran hast oder wenn du alles hundertprozentig wissenschaftlich erklärt haben musst. Lass dich einfach wie ein Kind neugierig und spielerisch darauf ein und beobachte nach einiger Zeit, was sich in deinem Umfeld alles zum Positiven verändert. Denn: Beim Fernsehen studierst du auch nicht erst Fernsehtechniker.

Und hier nun die Übung:

Setze dich - an einem für dich angenehmen und ruhigen Ort - entspannt hin und schließe die Augen. Stelle dir jetzt eine große Lichtkugel vor, die du aus der Sonne entnimmst. Sende jetzt in Gedanken diese Lichtkugel an bestimmte Menschen, mit denen du momentan nicht so gut klarkommst oder an ein bestimmtes Problem. Stell dir vor, wie dieses Licht jene Menschen oder das Problem umhüllt. Stelle dir gleichzeitig in Gedanken folgenden Wortlaut vor:

»Ich sende dir Licht, Liebe und Gesundheit«.

Oder eben diesem Problem. Du allein entscheidest darüber, wie oft und wie lange du diese Übung durchführst. Du selbst **spürst** es **in dir,** wie lange es erforderlich ist. Doch ich empfehle dir am Anfang, diese Übung zweimal am Tag, für etwa fünf Minuten, durchzuführen. Je nach Art deiner Problemsituation kannst du bereits nach einigen Wochen - oder auch früher - feststellen, dass sich oft sehr verzwickte Situationen auflösen, auf Wegen, an die du vorher nie gedacht hast.

Das Universum, unser Schöpfer oder wie immer du diese Kraft nennen willst, weiß für alle Probleme die bestmögliche Lösung. Dies ist eine Übung, um diese Art von Energie für uns nutzbar zu machen.

Mysterium Mond.

Abends zeigt er sich am Himmel. Er wechselt zwischen hell und dunkel, zwischen Kreis und Sichel. Er steuert Flut und Ebbe. Manche Menschen zieht er nachts aus ihren Betten, Frauen leben nach seinem Rhythmus.

Warum reagieren wir so empfindsam auf den Mond? Warum hält er uns in seinem Bann? Warum fühlen wir uns mit ihm so verbunden und vor allem, was können wir von ihm lernen? Bereits als Kind haben wir gelernt, dass der Mond Ebbe und Flut steuert. Er hebt und senkt das Wasser. Wenn wir jetzt noch bedenken, dass unser Körper zu mindestens **60** bis **70 %** aus **Wasser** besteht, dann wird uns meist klar, dass der Mond auch auf uns wirkt.

Je nach Persönlichkeit spüren wie diese Energie mehr oder weniger. Abgesehen von diesen faszinierenden Verbindungen können wir noch ganz andere Botschaften aus dem Mond herausholen. Wir sehen im Mond den Prozess allen Lebens. Er wächst von einer kleinen Sichel zu einer hellen großen Kugel. Danach schrumpft er wieder zu einer kleinen Sichel. Alles Leben auf diesem Planeten ist diesem Rhythmus unterworfen.

Sterben und wieder leben. Ob du an Wiedergeburt glaubst oder nicht. Es gibt heute bereits so viele eindeutige und klare Beweise dafür, dass es fast ein kleines Verbrechen wäre, sich dagegen zu sträuben und den Gedanken abzulehnen. Der Mond steht auch für die Dualität des Lebens. Keine Nacht ohne Tag. Nichts Neues bekommen ohne zuerst etwas Altes loszulassen. Kein Winter ohne Sommer. Das Leben ist der Dualität unterworfen. Elektrizität entsteht doch Kombination von Minus und Plus. Doch jetzt kommt für mich etwas ganz Entscheidendes:

»Kein Problem ohne Lösung«.

Ich bin davon überzeugt, es gibt kein Problem ohne dass wir nicht auch schon die Lösung in uns haben. Selbstverständlich fällt es uns oft schwer, diese Lösung zu erkennen, da wir so sehr mit dem Problem beschäftigt sind. Trotzdem tragen wir die Lösung unserer Probleme bereits in uns.

Das eine erzwingt das andere. Nur, solange wir die Seite mit dem Problem gedanklich nicht loslassen und davon Abstand nehmen, solange können wir nicht auf die andere Seite wechseln. Die Kehrseite des Problems, die Lösungsseite. Dazu müssen wir loslassen und das ist heutzutage eine weit verbreitete Krankheit, eben dies nicht zu können. Viele Menschen lassen nicht los. Sei es nun der Ärger auf andere Menschen oder auf vergangene Situationen. Nur wenn wir loslassen, können wir den Standpunkt verändern und damit die andere Seite erleben.

6. Unterbewusstsein

Der Zauberer in uns.

Wäre es nicht schön, einen ganz privaten Zauberer zu besitzen, der uns all unsere Wünsche erfüllen könnte? Der uns Unangenehmes verwandeln kann in angenehme Lebensumstände? Einen Zauberer zu besitzen, der über alles Wissen auf unserem Planeten verfügt, welches für dich momentan gerade wichtig ist.

Was würdest du sagen, wenn plötzlich jemand behaupten würde, du hättest so einen Zauberer in dir? Es kann sein, dass dieser Gedanke noch neu für dich ist, dann lasse ihn einfach so stehen. Es kann auch sein, dass du diese Gesetze schon seit längerer Zeit erfolgreich anwendest, um dir das Leben so angenehm wie nur möglich zu gestalten.

Wie dem auch sei, ich wünsche dir viel Spaß und Freude mit deinem **Zauberer**, dem **Unbewussten**. In manchen Büchern wird auch von Unterbewusstsein gesprochen oder von den Tiefen deiner Persönlichkeit. Niemand kann bis heute genau beschreiben, wo das Unbewusste sich befindet. Wir sehen es nicht, wir hören es nicht und trotzdem wirkt es mit einer Genauigkeit, welche die Präzision einer Atomuhr um ein Vielfaches übersteigt.

Da du mit deinem Unbewussten deine Sichtweise der Welt so gestalten kannst wie in deinen schönsten Träumen, wenn du richtig damit umzugehen vermagst, spreche ich in diesem Buch vom » Zauberer in uns«.

Solltest du daran noch einige Zweifel hegen, bitte ich dich mit mir zusammen folgenden Versuch zu unternehmen:

Ich gebe dir jetzt gleich vier Sammelbegriffe, und du nennst mir die allererste Antwort, die dir in den Sinn kommt. Dieses Spiel kennst du vielleicht aus dem Fernsehen. Wenn ich sage, nenne mir ein Tier, so kannst du zum Beispiel sagen: Katze, Hund und so weiter. Wichtig ist nur, dass du den ersten Gedanken aufschreibst.

Hier sind die Begriffe:

eine Farbe
eine Blume
in ein Musikinstrument
ein Werkzeug

Hier nun die Lösung:

Rot, Rose, Geige, Hammer.

Wie viele Antworten habe ich richtig erraten? Eine, zwei, drei oder alle vier? Bei den meisten Menschen kommen diese Antworten vor, deshalb auch diese Trefferquote. Wenn du in deinem Leben eine schöne Erfahrung mit einer Tulpe gemacht hast, bei der du ein **intensives Gefühl** erlebtest, so hast du vermutlich bei Blume »Tulpe« statt »Rose« geschrieben. Das, was wir am häufigsten hören oder wo wir sehr intensive Gefühle erleben, ist in uns so gespeichert, dass wir es jederzeit wieder ins Bewusstsein holen können. Komm, ich zeig dir noch einen Versuch. Nimm bitte ein Blatt Papier und zeichne darauf eine Banane! Ganz egal, wie gut du zeichnen kannst, die Zeichnung ist nur für dich. Jetzt nimmst du ein neues Blatt und zeichnest darauf bitte eine Cherimoya!

Hast du die Cherimoya gezeichnet? Wie sieht sie aus? Welche Farbe hat sie? Oder wusstest du nicht, was du zeichnen solltest, da du noch nie eine gegessen hast? Wieder finden wir die Lösung im Unterbewusstsein. Stell dir bitte das Unbewusste wie einen großen Raum vor. Darin befinden sich viele Schränke mit verschiedenen Ordnern, in welche Schriftstücke abgelegt sind.

Wenn du eine Banane zeichnest, so läuft dein Zauberer in diesen großen Raum, läuft zu dem Schrank mit der Aufschrift »Obst«, öffnet den Schrank, nimmt den Ordner mit der Aufschrift »Banane« aus dem Schrank (vorausgesetzt du hast das Wort bereits schon einmal gehört), durchsucht den Ordner nach allen Inhalten und kommt mit der Vorstellung einer Banane wieder in dein Bewusstsein. Er hat jetzt folgende Informationen gesammelt: Banane schmeckt süß, Banane ist gelb,

Banane ist gesund, Banane ist leicht gebogen und so weiter. Mit diesen Informationen ist es jetzt leicht, eine Banane zu zeichnen.

Was ist passiert, bei dem Versuch eine Cherimoya zu zeichnen? Der Zauberer läuft wieder in den großen Raum, sucht den Schrank mit der Aufschrift: »Obst«, öffnet ihn und sucht einen Ordner mit der Aufschrift »Cherimoya«. Jetzt gibt es zwei Möglichkeiten. Du hast bereits eine Cherimoya gegessen, dann ist bereits ein Ordner und eine Info abgelegt. Wenn du die zweite Cherimoya isst, so wird diese Info im Ordner zu den anderen dazugeheftet.

Bei »Banane« sind dies in der Regel sehr viele. Wenn du noch keine Cherimoya gegessen und auch noch nie eine gesehen hast, findet der Zauberer im Schrank mit der Aufschrift Obst keinen Ordner mit der Aufschrift Cherimoya. Der Zauberer sucht noch eine Zeit lang nach diesem Ordner und kommt anschließend wieder mit folgender Information ins Bewusstsein zurück: »Was weiß ich, was das sein soll, das gibt es vielleicht überhaupt nicht«.

In diesem Fall konntest du auch keine Cherimoya zeichnen. Du hast bisher einfach noch keine Informationen gespeichert. Damit du jetzt weißt, was eine Cherimoya ist, hier nun eine kurze Beschreibung: Cherimoya ist ein halb süßes Obst. Sie ist meistens kleiner als ein Apfel, ziemlich rund, hat zuerst eine grüne Farbe und wird im Reifezustand gelb. Diese Frucht solltest du unbedingt einmal essen, denn sie schmeckt hervorragend. Meistens jedoch muss man sie bestellen, da es sie bei uns nur selten gibt.

Das Unterbewusstsein ist, wie der Name sagt, in einer tieferen Schicht unter dem normalen Bewusstsein, welches wir auch Wach- oder Alltagsbewusstsein nennen können. Wie man dahin kommt, solche Informationen direkt zu bearbeiten und auch sonst noch wertvolle Dinge zu erledigen, darüber mehr im folgenden Absatz:

Ein wenig Gehirnkunde.

Unser Wach- oder Alltagsbewusstsein ist vergleichbar mit der Spitze eines Eisbergs. Das, was wir sehen, nehmen wir wahr und trotzdem wirkt der größte Teil unterhalb dieser Ebene. Zwischen diesen Bereichen kannst du dir eine Tür vorstellen. Der unbewusste Bereich ist durch eine Türe versperrt. Und das ist gut so.

Denn wenn wir ständig alle Informationen, die in uns gespeichert sind, zur Verfügung hätten, das heißt, wenn uns diese Informationen ständig **bewusst** wären, würden wir vermutlich durchdrehen. Wenn ich dich fragen würde, was denn alles in deiner Umgebung die Farbe Grün hat, so wirst du dich vermutlich erst jetzt darauf konzentrieren nach der Farbe Grün Ausschau zu halten. Wenn ich dich nach deiner privaten Telefonnummer fragen würde, so kannst du mir vermutlich auch darüber Auskunft geben. Und trotzdem denkst du nicht ständig daran. Wir können nur an wenige Dinge gleichzeitig denken, gespeichert haben wir jedoch wesentlich mehr. Jetzt wirst du dich sicher fragen, wie du diese Tür öffnen kannst, um Zugang zu deinem Inneren zu bekommen.

Auch hier habe ich wieder eine Überraschung für dich. Mindestens zwei Mal pro Tag gehst du durch diese Tür. Ich will versuchen, das ein wenig genauer zu beschreiben. Es ist medizinisch möglich, mit Hilfe von EEG unsere Gehirnfrequenzen zu messen, das heißt, wie viel Schwingung pro Sekunde vorhanden ist. Das lässt sich nach folgendem Schema einteilen:

Eine Schwingung von etwa 18 bis 14 Hertz nennen wir den Wachzustand. Je nachdem, ob wir ruhig oder aufgeregt sind, schwankt dieser Wert von 14 bis zirka 18 oder noch mehr Hertz. Die nächste Stufe geht von ungefähr 13 bis 8 Hertz. In diesem Zustand, auch **Alpha** Zustand genannt, sind wir sehr entspannt. Wir haben Zugang zur **Intuition**, das heißt, wir wissen ganz genau, was wichtig ist und brauchen nicht lange zu überlegen. Das ist je nach Tiefe eine leichte Schlafvorstufe. Viele sind am Abend bei einem Film öfters automatisch in diesem entspannten Zustand. Deshalb ist es auch so entscheidend wichtig, welche Sendungen wir uns vor dem Einschlafen ansehen, denn erhaltene Informationen in diesem Zustand haben eine sehr große Chance, sich zu verwirklichen.

> **Im Alpha Zustand ist das Unbewusste formbar wie Wachs.**
>
> Nikolaus B. Enkelmann

Dann gibt es da noch von etwa 7 bis 4 die Thelta Ebene. Das ist die Stufe, wo wir tief und fest schlafen. Schließlich noch die Delta Ebene, das ist dann die Bewusstlosigkeit. Unter einem Hertz Schwingung pro Sekunde nennt man uns klinisch tot.

Aber jetzt noch einmal etwas ganz Entscheidendes: Von etwa 7 bis 14 Herz (Alpha) Zustand können wir uns **regenerieren**, **positiv aufbauen**, nach **Ursachen** für **langwierige Krankheiten** suchen und so weiter. Jeder Mensch ist mindestens zweimal pro Tag im Alpha Zustand. Kurz vor dem Einschlafen und gleich nach dem Aufwachen. Deshalb ist es wichtig, dass wir uns unsere Ziele in diesen Phasen bereits als erfüllt vorstellen, denn auf diese Weise können wir sie leichter erreichen.

Beengendes Denken.

Dass das Unbewusste in uns Menschen dominanter ist als der Verstand, das ist dir jetzt vermutlich klar. Vielleicht wolltest du bereits einmal ganz fest und mit aller Kraft einschlafen, konntest jedoch nicht, da du die Gedanken des vergangenen Tages nicht abschalten konntest. Viele Menschen wollen sich zwar verändern, können es aber nicht, da in ihnen ein Programm läuft, das dies verhindert. Im Alpha Zustand können wir solche **Muster verändern**. Ein Mann, der sehr hart arbeitete - oft 60 bis 70 Stunden pro Woche und auch Spaß daran hatte - wunderte sich immer wieder darüber, dass ihm der große Erfolg nicht gelang. Im entspannten Zustand wird ihm jedoch plötzlich wieder ein Satz bewusst, den er als 3-Jähriges Kind zu Hause am Mittagstisch immer wieder gehört hat:

»Wer jetzt noch Geld hat, ist ein Schweinehund«.

Dieser Satz wirkt solange im Unterbewusstsein dieses Menschen und verhindert seinen Erfolg, bis diese innere Überzeugung erkannt und losgelassen wird. Viele solcher Überzeugungen haben wir als Kinder automatisch von unseren Eltern und Mitmenschen gehört und auch akzeptiert.

Wir glaubten diesen Menschen, da sie ja ein Vorbild für uns waren. Einige dieser Dinge sind ja durchaus positiv. Hören wir zum Beispiel als Kind immer wieder den Satz: »Bei Rot stehen bleiben und bei Grün darfst du gehen«, dann kann uns diese Programmierung im Straßenverkehr das Leben retten. Der Vater fühlt sich von seinem Versicherungsvertreter betrogen und schreit eines Tages lauthals am Mittagstisch einem gerade zur Tür hereinkommenden Verkäufer von Reinigungsprodukten an:

»Ihr seid allesamt Gauner«.

»Alle Verkäufer wollen nur sehr schnell Geld verdienen und dann nichts mehr wissen«. Der kleine Sohn dieses Vaters sitzt ganz **erschrocken** hinter dem Küchentisch und **zittert innerlich** noch wegen der lautstarken Auseinandersetzung zwischen seinem Vater und dem Verkäufer.

Da das Kind seinen Vater mehr liebt als den neuen Verkäufer, den es noch gar nicht kennt, glaubt das Kind dem Vater die Aussage und **speichert** ein **Programm** in seinem **Unterbewusstsein** wie folgt:

»Alle Verkäufer sind Betrüger«.

So weit so gut. Das Kind wird größer, es geht zur Schule, es beginnt eine Lehre und arbeitet brav vor sich hin. Dieses Programm wurde vergessen. Jedoch nur oberflächlich. Tief drinnen wirkt es noch immer. Eines Tages wechselt dieser Mann in den Beruf eines Verkäufers. Er steckt sich hohe Ziele. Er hat anfangs noch Freude an seiner Tätigkeit.

Irgendwie kommt dieser Mann nicht vom Fleck. Der Umsatz stagniert unerbittlich. Sein Konto rutscht immer weiter ins Minus. Verzweifelt sucht er einen Reinkarnationstherapeuten auf. Bei dieser Sitzung entdeckt er dann den damals vom Vater übernommen Satz: Alle Verkäufer sind Betrüger. Doch das stimmt jetzt nicht mehr. Ich bin kein Betrüger. Also neues Programm installieren: Einige Verkäufer sind Gauner, doch die Mehrzahl verhilft anderen Menschen dazu, das zu bekommen, was diese Menschen brauchen. Von da an stieg der Umsatz, da dieses alte Programm nun seine Wirkung verloren hatte. Mit diesem Beispiel möchte ich dir deutlich machen, wie wir durch unsere Umwelt geprägt worden sind.

> **In uns steckt mehr, als wir uns momentan zutrauen.**
>
> **Emmerich Kirschner**

Zu Beginn unseres Lebens sind wir noch weitgehend frei von solch blockierenden Überzeugungen. Im Laufe unserer Entwicklung hören wir jedoch immer mehr solcher blockierenden Überzeugungen. Wir werden gehemmt, trauen uns nicht mehr so viel zu und führen oft nicht mehr das Leben, das uns wirklich entsprechen würde.

Bei einer Untersuchung wurde Folgendes festgestellt: Bis zu unserem 18. Lebensjahr haben wir bereits bis zu **150.000 Werbespots** in unserem Unterbewusstsein gespeichert.

In dieser Zeit haben wir aus Fernsehen, Radio, Zeitungen und so weiter bereits **30.000 Morde** in uns gespeichert. Es wurde auch festgestellt, dass ein durchschnittlicher Erwachsener bereits bis zu **20.000 Tötungsdelikte** irgendwann einmal mitbekommen hat. Sei es nun aus Zeitung, Fernsehen oder aus dem Radio.

Welchen Satz hast du als Kind öfters gehört?

- Das kannst du nicht!
- Dafür bist du noch zu klein. Oder:
- **Super**, das hast du prima gemacht.

Du weißt jetzt bestimmt, nach welcher Formulierung du dich besser fühlst. Es lohnt sich auf jeden Fall, einmal über diese Bereiche sehr genau nachzudenken.

Bei einer Untersuchung mit Kindern, fand man heraus, dass diese von ihren Eltern über eine bestimmte Zeit das Wort »**Nein**« siebzehnmal öfter hörten als das Wort »**Ja**«! Da du jetzt weißt, was das für eine Auswirkung hat, wirst du die Sprache zu deinen Kindern (vorausgesetzt du hast welche) sicherlich überprüfen.

Selbstverständlich kann ich nicht immer sagen: Du bist groß, wenn das Kind wirklich noch zu klein ist, um allein auf die Leiter zu steigen. Ich kann jedoch

Folgendes sagen: „Wenn du diese Größe erreicht hast, dann kannst du das alleine machen" oder: „Wenn du sechs Jahre bist, dann kannst du das alleine." Ich finde es einfach wichtig, dass wir unsere Kinder immer wieder mit positiven Formulierungen ansprechen, als immer nur mit begrenzenden Überzeugungen. Wenn wir sie lieben, sind wir es ihnen einfach schuldig. Vorausgesetzt, wir verstehen das vorher Genannte.

Kinder wissen meist wesentlich mehr als wir Erwachsenen. Wir sorgen nur meistens dafür, durch »gutgemeinte Ratschläge«, dass sie dieses Wissen wieder verlieren. Wir sollten uns keine Schuld zugestehen, für solch negative Überzeugungen, die wir unseren Kindern bereits mitgegeben haben, denn das meiste war uns bisher einfach noch nicht bewusst.

Du bist Gärtner deines Lebens.

Wenn wir uns erst einmal bewusst sind, welche Auswirkungen diese Überzeugungen aus unserer Vergangenheit haben, so steht uns ein überaus großes Potential für die Zukunft bereit. Vielleicht erkennen wir jetzt schon unsere wahre Größe. Ich kenne einen Menschen, der eine Kindheit durchlebte, die geprägt war von Eifersucht, Schuldgefühlen, wenig Selbstvertrauen und so weiter. Doch in seinem Inneren träumte er immer von einem eigenen Haus, einer eigenen Firma, einer glücklichen und harmonischen Partnerschaft, fröhlichen Kindern und so weiter. Von seinen Mitmenschen wurde ihm immer wieder gesagt, er solle dieses **Träumen** doch sein lassen.

»Wir sind nicht für ein Leben in Wohlstand bestimmt«.
»Reiche Menschen haben keine glücklichen Beziehungen«.
»Reiche Menschen kommen nicht in den Himmel«.

Dieser Mensch hörte in seiner Kindheit immer wieder solchen **Blödsinn**.

Nun wissen wir ja: Alles, was wir immer wieder zu hören bekommen, prägt sich so tief in uns ein, dass wir es mit der Zeit sogar glauben. Dieser Mann war in seinem Beruf nie glücklich. Mehr als zehnmal wechselte er die Arbeitsstelle. Finanziell befand er sich mehr im Minus als im Luxus. Nachdem seine

Beziehung bereits zum dritten Mal zu scheitern drohte, platzte ihm der Kragen.

Er begann sein Verhalten mit den Programmen aus seiner Kindheit zu vergleichen und machte interessante Erfahrungen. Nachdem er solche einengenden Überzeugungen mit Hilfe eines guten Therapeuten aufgelöst hatte, fühlte er sich frei, **selbstbewusst** und mit wesentlich **mehr Energie**. Er wurde der Gärtner seines eigenen Ackers (dem Unterbewusstsein).

Heute schreibt er Bücher und hat riesigen Spaß daran. Er leitet Seminare und ist auf diesem Weg auch anderen Menschen dabei behilflich, die eigenen Stärken zu fördern und die eigene Größe zu entfalten. Er hat eine harmonische und glückliche Familie und ist auf dem besten Weg, ein eigenständiges und glückliches Leben zu führen. Wenn er irgendwo eine einschränkende Überzeugung hört, nimmt er davon nicht allzu sehr Notiz, da er genau weiß: Die Antwort findet man immer nur in sich selbst!

7. Sprenge deine Fesseln!

Gedanken der Freiheit.

Warum dieses Kapitel »Sprenge deine Fesseln« heißt? Haben wir überhaupt Fesseln? Oder sind wir vollkommen frei und entscheiden ausschließlich selbst, wie wir unser Leben gestalten? Ich bin davon überzeugt, dass nur sehr wenige Menschen das von sich behaupten können. Und doch sind wir im Grunde genommen alle Schöpfer und Gestalter unser Wirklichkeit, unseres Alltags. Schon Jesus sagte: »Was ich für euch getan habe, das könnt auch ihr«. Dieser wunderbare Satz enthält so viel Wahrheit.

Und doch können nur wenige Menschen diese uralte Weisheit auch umsetzen. Es klingt für einige Menschen zu banal, sich die eigene Wirklichkeit selbst zu erschaffen. Ich überlasse es dir selbst, über das Vorhergehende eine Meinung zu bilden. Kann es sein, dass wir es verlernt haben, unser Leben zu gestalten? Schon in der Schule wurde von uns wenig Kreativität gefordert, dafür um so mehr Logik und Verstand. Ich kann mich noch gut an »Mathe« erinnern. Ich dachte oft, es müsste doch noch eine andere Lösung für diese Rechenaufgabe geben. Doch die Lehrer interessierte das sehr wenig. Es gibt nur eine richtige Lösungsmöglichkeit. Wer mit einer anderen Lösung zum gleichen Ergebnis kam, wurde nicht etwa belohnt, nein, er wurde darauf aufmerksam gemacht, dass seine Vorgehensweise falsch sei. Heute jedoch wird von uns oft **Kreativität** und **lösungsorientiertes Denken** verlangt, und wir fragen uns, warum uns das so schwer fällt.

Wie aber können wir uns von unseren Fesseln befreien, wenn wir es nicht schaffen, nach neuen, kreativen Lösungsmöglichkeiten zu suchen? Wir sind es nicht mehr gewohnt, kreativ zu denken. So wie Kinder, die von einer Eismaschine träumen, aus der den ganzen Tag die köstlichsten Eissorten fließen oder von einem Waschbär, der mit der Badewanne zum Mond fliegt.

> **Du musst schon da sein, bevor du angekommen bist.**
>
> Richard Bach

Dieser Spruch aus dem Buch »Illusionen« von Richard Bach zeigt bereits sehr deutlich, worum es geht. »Du musst schon da sein, bevor du angekommen bist« heißt nichts anderes, als dass wir uns zuerst gedanklich vorstellen sollen, was wir unter Erfolg verstehen. Streben wir nach mehr Geld, nach privatem Glück, nach mehr Erholung, nach einem Haus auf Hawaii? Ganz egal, worum es sich handelt: Es beginnt zuerst in unserem Kopf.

Hast du ein eigenes Haus gebaut oder eine Wohnung eingerichtet? Auch da hattest du zuerst ein ganz klares Bild vor deinem geistigen Auge. Es war zuerst nur ein Gedanke. Doch dieser Gedanke - immer und immer wieder gedacht - wurde schlussendlich zur Realität.

Arnold Palmer, ein weltberühmter Golfer, wurde einmal gefragt: »Herr Palmer, ich möchte auch so gut Golf spielen können wie Sie.« Darauf antwortete Herr Palmer: »Nein, das möchten Sie nicht«. Die junge Frau entgegnete: »Doch, das will ich«. Palmer darauf: »Nein, denn sonst würden Sie auch jeden Tag um 5:00 Uhr aufstehen und vor dem Frühstück bereits 200 Bälle abschlagen«.

Viele Menschen wollen etwas **sein**, jedoch nichts dafür **tun**. Wenn wir erst einmal herausgefunden haben, was uns wirklich Spaß macht, was uns Energie und Lebensfreude bereitet, dann sind wir motiviert und voller Tatendrang. Jeder Wunsch, der bei dir auftaucht, hat in sich den Drang, sich zu verwirklichen. Welch wunderbare Aussage.

Wenn du den Wunsch verspürst, eine große, dreimonatige Weltreise zu unternehmen, jedoch momentan keine Gelegenheit dazu siehst, diesen Traum wahr zu machen, so lasse ihn einfach eine Weile liegen und denk ab und zu wieder daran. Alles, was du dir vorstellen kannst, das kannst du auch erreichen. Du musst nur immer daran denken und alles Mögliche dazu unternehmen, diesen Wunsch zu realisieren.

Erfolg ist Einstellungssache.

Eines schönen Tages kommt ein Wanderer des Weges. Er sieht eine große Baustelle und geht auf sie zu. Da entdeckt er einige Arbeiter. Neugierig wie er ist, schreitet er auf den ersten zu und fragt, was er denn hier mache. Mürrisch und ziemlich forsch erwidert der Angesprochene: »Sie sehen doch, ich zerschlage hier Steine«. Verwundert geht der Wanderer zum nächsten. »Was machen Sie denn hier«? »Ich zerkleinere hier Steine, um eine Mauer zu bauen«. Schließlich kommt er zum dritten und fragt auch ihn: »Was machen Sie hier«? Dieser Mann legte für kurze Zeit sein Werkzeug nieder, kommt auf den Wanderer zu und sagt voller Begeisterung: »Ich baue hier an der neuen Kathedrale für unsere Gemeinde«.

Was für unterschiedliche Einstellungen. Der eine zerschlug Steine, der andere baute an einer Kathedrale. Beide verrichten sie dieselbe Arbeit. Du kennst sicher den Arbeiter heraus, welcher mit vollem Einsatz und Begeisterung an die Sache heran geht. Was du auch machst, mit einer positiven Einstellung macht die Arbeit gleich doppelt so viel Spaß.

Love it,
change it,
or lose it.

Liebe es, verändere es oder lasse es los.

Entweder liebst du deinen Job, dann fühlst du dich auch gut und bist voller Energie. Bist du unzufrieden mit dem Job, so verändere deine Einstellung. Geh mit mehr Freude, mit mehr Begeisterung an die Sache heran. Ist das nicht mehr möglich, dann zieh endlich einen Schlussstrich und wechsle den Job oder mache dich selbstständig.

Ich finde es schlimm, wenn ich jeden Tag frustriert zur Arbeit komme und mich den halben Tag mehr oder weniger immer ärgere. Da ist es doch viel besser, mich nach einer neuen Tätigkeit umzusehen, die mir wieder mehr Spaß bereitet. Wenn ich es jedoch nirgends länger als ein paar Monate aushalte, dann sollte ich mir ernsthaft einige Gedanken über meine Einstellung im Allgemeinen machen.

Lebensumstände verändern.

Das ganze Leben dreht sich immer schneller. Die Zahl der Fernsehprogramme nimmt ständig zu, jeden Tag werden neue technische Errungenschaften gemacht, es gibt immer mehr Fertigprodukte auf dem Markt, damit wir nicht mehr so viel Zeit in der Küche verbringen müssen, unsere Kinder wollen jedes Jahr noch bessere und coolere Spiele und so weiter!

Das ist so ähnlich wie bei einem Hamster, der sich im Laufrad befindet. Er läuft immer schneller und schneller. Mit der Zeit kann er seine Umgebung nicht mehr wahrnehmen. Das Rad dreht sich immer schneller. Beobachten wir uns Menschen, so lassen sich durchaus Parallelen ziehen, denn auch wir befinden und ab und zu gleichsam in einem Hamsterrad. Wir arbeiten schneller und härter. Wir wollen in immer weniger Zeit immer mehr erreichen.

Krankheit ist oft das Ergebnis unserer vergangenen Gedanken und Handlungen. Da kann es schon einmal vorkommen, dass uns ein Herzinfarkt oder Schlaganfall ermahnt, ein wenig zurückzuschrauben oder über manche Lebensumstände etwas mehr nachzudenken.

Um so verblüffender finde ich die Tatsache, dass so manch einer diese dramatischen Warnungen unseres Körpers bereits nach wenigen Monaten wieder ignoriert und das Leben genauso weiterführt wie bisher. Jede Krankheit und jeder Unfall ist lediglich ein Hinweis, wie es tief in unserem Inneren mit unseren Gedanken aussieht.

Nach welchem Ritual gehst du duschen? Steigst du jedes Mal gleich in die Duschtasse? Beginnst du jedes Mal auf dieselbe Weise mit dem Einseifen und Abduschen? Oder wie ist es beim Abtrocknen? Beginnst du immer an derselben Stelle oder wechselt das jedes Mal?

Vielleicht fragst du dich jetzt, was das Ganze denn soll. Bereits in solch alltäglichen Kleinigkeiten ist ein Ritual verborgen. Es wird zur Gewohnheit. Automatisch verhalten wir uns auch in anderen Belangen genau gleich. Kleine Veränderungen in diesen Dingen bewirken bereits Veränderungen in unserem sonstigen Verhalten. Wie willst du dich je in einen anderen Menschen hineinversetzen, wenn du deinen eigenen Standpunkt überhaupt nicht verändern willst?

Die Macht der Umgebung.

Hast du Kinder? Oder kennst du jemanden, der kleine Kinder hat, die du des öfteren sehen kannst? Ich finde es immer wieder interessant, Kinder beim Nachahmen ihrer Mitmenschen zu beobachten. Wir haben einen Sohn und eine etwas jüngere Tochter. Beim Sohn konnten wir jeden Tag feststellen, wie er uns nachahmte und daraus lernte. Die Dinge, die er von uns nicht lernen konnte (zum Beispiel wie man auf den Schrank steigt), musste er zuerst selbst ausprobieren.

Dementsprechend gab es auch viele Stürze. Unsere Tochter hatte das Glück, diese Lektionen vom etwas älteren Bruder nachzuahmen, denn er hat diese Lektionen bereits gelernt. Wir lernen automatisch von Menschen in unserer Umgebung.

Meistens werden wir von unseren Mitmenschen jedoch eingeengt, anstatt motiviert. Das beginnt bereits in der Kindheit. Frage einmal Kinder nach ihren Zielen. Ich garantiere dir, du wirst überhäuft werden von Antworten:

- Ich will einmal Lokomotivführer werden.
- Wenn ich groß bin, werde ich Feuerwehrmann.
- Ich werde Astronaut und fliege zum Mond.

Kinder können noch träumen. Sie haben noch Phantasie und große Träume. Wir Erwachsenen schaffen es dann, dass diese Träume verkümmern, dass diese Ziele nicht mehr Wirklichkeit werden.

- Lass das, das schaffst du nicht!
- Träume sind doch nur Schäume.
- Vögel, die morgens fröhlich zwitschern, holt abends die Katze.

Auch wir Erwachsenen werden geprägt durch unsere Umgebung. Es hat einen Einfluss auf unser Verhalten, wo wir wohnen. Sind wir umgeben von Menschen, die es vorziehen über alles zu jammern und alles Neue zuerst schlecht zu machen, dann werden wir uns in diesen Dingen ähnlich verhalten. Umgeben wir uns jedoch mit Menschen, die glücklich sind, sich selbst lieben, aufrichtig und ehrlich sind, daneben noch ein ausgeprägtes Selbstbewusstsein haben, dann kannst du dir sicher sein, dass du auch hier nach einiger Zeit automatisch profitierst.

Jetzt wirst du vielleicht einwenden, dass du dich von deinen Freunden doch nicht trennen kannst. Ein guter Freund, was ist das überhaupt für dich? Einen guten Freund zu haben heißt für mich, dass er mich so akzeptiert wie ich bin. Selbstverständlich können wir wirklich ehrliche Ratschläge zum Anlass nehmen, unser Vorhaben noch ein wenig zu überdenken, doch sollten wir uns nicht von anderen Menschen in ein vorgegebenes Schema pressen lassen.

Die Kraft der Verantwortung.

Was glaubst du, mit welchen Menschen ist es leichter gut auszukommen, egal ob bei der Arbeit, im Privatleben oder im Freundeskreis: Mit einem Menschen, der für alles, ganz egal was auch passiert, die volle **Verantwortung** übernimmt oder mit einem Menschen, der immer nach **Ausreden** sucht, alles abstreitet und selbst nie für etwas verantwortlich ist?

Verantwortung wird auch oft mit Schuld verwechselt. Da passiert irgendein Unglück. Eine Lawine verschüttet die Straße oder es wird ein Feuer entzündet und verbrennt riesige Waldflächen. Die erste Frage in unserer Gesellschaft lautet: »Wer ist **schuld**?« Warum suchen wir Menschen immer nach Schuldigen und warum übernehmen wir nicht endlich Verantwortung für unser Denken und Handeln? Vielleicht liegt es daran, dass wir uns vor der Verantwortung drücken können, wenn wir einen Schuldigen gefunden haben. Wer sich bereits mit positivem Denken und Handeln etwas mehr befasst hat, der weiß, dass jeder Wirkung zuerst eine Ursache vorausgegangen ist.

Folgedessen gibt es keine Schuld, sondern lediglich **Wirkungen**. Und wenn ich eine Wirkung verursacht habe, dann fällt es mir auch leicht, dafür die Verantwortung zu übernehmen, denn ansonsten betrüge ich mich nur selbst. Doch schauen wir uns das Ganze an einem Beispiel etwas genauer an:

Es ist Herbst, Nebel zieht über das Land, die Temperaturen sinken bereits immer tiefer. Das erste Laub fällt auf die Straßen. Wir fahren auf der trockenen Straße mit vollem Tempo, da wir uns beeilen müssen. Es kommen leichte Kurven, die Straße ist noch immer trocken, doch plötzlich: Eine scharfe Rechtskurve, Schatten, eine nasse Holzbrücke mit Laub bedeckt und unter unseren Reifen bildet sich eine gefährlich - schmierige Masse. Der Wagen gerät ins Schleudern, kommt von der Straße ab und überschlägt sich. Totalschaden, zwei Rippen gebrochen, einen Monat Krankenstand und selbst danach immer noch Schmerzen. Wer hat Schuld? Der Straßenerhalter? War die Warntafel »Gefährliche Kurve« zuwenig gut sichtbar? Sind wir selbst schuld? Zu schnell gefahren? Ist das Wetter schuld? Oder haben wir uns überschätzt?

Interessanterweise ist diese Straße am heutigen Tag stark frequentiert. Keiner jedoch außer uns ist ins Schleudern geraten und hat einen Unfall verursacht. Da ist es nicht angebracht, dem Straßenerhalter die Schuld zuzusprechen. Vielleicht waren unsere Reifen in einem schlechten Zustand? Vielleicht haben wir die Gefahr des Laubes im Herbst unterschätzt? Vielleicht waren wir so vertieft, dass wir die Warntafeln einfach übersehen haben?

Oder ein anderes Beispiel: Wir arbeiten sehr gestresst, ernähren uns nur von fettreicher Kost, wir treiben keinen Sport, Das Wort Bewegung kennen wir nur vom Wörterbuch und dann eines Tages, nach diesen Ursachen, zeigt uns der Körper die erste Wirkung: Kreislaufkollaps! Jetzt können wir der Krankheit die Schuld geben und anderen Menschen vorjammern, wie schlecht es uns doch geht oder wir erkennen die Wirkung als Hinweis, dass wir unsere Ursachen anders setzen müssen, sonst kann unser Körper seine Leistung nicht mehr vollbringen. So gesehen können wir für jede Krankheit **dankbar** sein, da sie uns lediglich auf **Blockaden** und **ungelöste Situationen** in unserem System aufmerksam macht. Um solche Krankheiten wirkungsvoll an der Wurzel zu lösen, gibt es wundervolle Möglichkeiten. Homöopathische Ärzte und gute Reinkarnationstherapeuten können uns dabei sehr unterstützen.

Konzentration und Ausdauer.

Einer meiner Chefs hat mir eine Geschichte von Goldgräbern in Amerika erzählt. Diese Erzählung beeinflusst mich noch heute. Sie handelt von einigen Abenteurern, die sich nach Amerika begaben, um dort nach Gold zu suchen. Sie schürften und schürften an vielen Stellen. Immer wieder wechselten sie die Plätze, sie wurden jedoch nie richtig fündig. Immer bestand die Ausbeute nur aus kleinen Goldstücken. Doch der große Fund blieb aus. Wenig später erfuhr ein weiser Mann von den Aktivitäten und machte sich auf die Reise. Er besuchte die Stelle, an der die Abenteuer als erstes begonnen hatten, nach Gold zu suchen. Dieser Mann wusste, dass wir Menschen viel zu schnell aufgeben, anstatt bis zum Erfolg durchzuhalten!

Er nahm den Spaten und grub **etwas tiefer** als seine Vorgänger. Und siehe da, er wurde fündig! Ich weiß bis heute nicht, ob dies eine wahre Geschichte oder eine Fantasieerzählung ist. Eines jedoch weiß ich mit Sicherheit: Wenn wir nach dieser Geschichte leben und so lange durchhalten, bis wir erfolgreich sind, dann haben wir den Sinn dieser Geschichte verstanden.

Ich war im Außendienst tätig und besuchte regelmäßig bestehende Kunden, aber auch neue. Immer wieder jedoch bekam ich zu hören: »Momentan brauche ich nichts, kommen Sie doch bitte später wieder vorbei.« Nach einigen dieser wenig erfolgreichen Besuche hatte ich bei dem einen oder anderen Kunden nach ein paar Jahren plötzlich das Gefühl, ihn erneut besuchen zu müssen. Ohne viel zu erwarten besuchte ich daraufhin diesen Kunden ein weiteres Mal. Überraschenderweise bekam ich diesmal einen Auftrag. Der Kunde erzählte mir dann, dass er es schätze wenn jemand so eine Ausdauer zeige und es immer wieder versuche. Dasselbe Spiel wie bei den Goldgräbern brachte mir einige Aufträge.

Grabe immer ein wenig tiefer als die Massen.

Was passiert, wenn du ein Blatt Papier im Sommer auf die Wiese legst? Richtig, es vergilbt ein wenig, aber sonst ändert sich wenig. Jetzt nimmst du ein Vergrößerungsglas und richtest es auf das Blatt Papier. Jetzt sind die Strahlen der Sonne plötzlich um ein Vielfaches wirksamer, da die Kraft jetzt auf einen klaren Punkt gerichtet wird. Die Kraft ist jetzt so stark, dass wir damit ein Loch in das Papier brennen können.

Die Energie der Sonne hat sich jedoch nicht verändert, sondern nur die Konzentration auf einen Punkt. Alle Menschen, die in ihrem Leben etwas Herausragendes leisteten, haben sich irgendwann auf ein ganz spezielles Thema konzentriert. Sie haben die ganze Kraft dazu verwendet, um in diesem Bereich der Beste zu sein.
Eines dieser Idole ist für mich Niki Lauda. Dieser Mann zeigt mir, was Ausdauer und

Durchhaltevermögen bedeuten. Eine seiner beachtenswerten Aussagen:

> **Du kannst nur dort gut sein,**
>
> **wo es dir Spaß macht.**
>
> **Niki Lauda**

Niki Lauda war in der Formel 1 die Kapazität. Und selbst sein schwerer Unfall konnte ihn nicht davon abhalten, weiter die Nummer Eins zu sein. Nach dem Rennsport baute er eine eigene Fluglinie - trotz massiver Drohungen und Kämpfe seitens der Mitbewerber - auf. Dass Niki Lauda jetzt wieder zur Formel 1 als Rennsport - Direktor zurückgekehrt ist, macht ihn für mich zum Aushängeschild für Ausdauer, Disziplin, und Konzentration. Konzentriert, jedoch nicht verbissen, löst er immer wieder neue Herausforderungen mit Bravour!

8. Sorgen und Ängste

Energiefresser Sorgen und Ängste.

Stell dir vor, du bist eine Batterie. Zu Beginn strotzt du voll Energie und Kraft. Es werden immer mehr elektrische Geräte an dich angeschlossen, immer stärkere Stromfresser. Jedes dieser Geräte entzieht dir Energie. Was passiert, wenn du nicht aufgeladen wirst? Richtig, deine Energie lässt vollständig nach und du hast keine Kraft mehr. Du kannst kein Licht mehr speisen, kein Spielzeug, kein Auto mehr starten.

Ähnlich verhält es sich mit deiner Lebenskraft. Nur wenn du dich immer wieder mit Lebenskraft, Freude, Spaß und so weiter auftankst, dann hast du Kraft, auch andere Menschen zu unterstützen und ihnen zur Seite zu stehen. Wenn du jedoch selbst am Boden zerstört bist, benötigst du dringend die Hilfe anderer Menschen. Ja, du klammerst dich richtig an sie. Erst wenn du auf eigenen Beinen stehen und aus eigener Kraft schöpfen kannst, bist du mit beiden Füßen im Leben verankert. Was entzieht dir diese wertvolle Lebenskraft?

Sorgen und Ängste. Im Zen Buddhismus lernen wir im **Hier** und **Jetzt** zu leben. In der **»Mitte«**. Die meiste Kraft haben wir zur Verfügung, wenn wir in unserer Mitte sind. Dann sind wir stark. Kinder sind wesentlich öfter glücklich als wir Erwachsenen, weil sie es hervorragend verstehen, im Hier und Jetzt zu leben. Sie genießen es, im Augenblick zu leben. So wird aus dem Bagger plötzlich ein Raumschiff, aus dem Raumschiff ein Vogel und so weiter. Menschen, die in Balance sind und aus ihrer Mitte heraus agieren, sind ruhiger, gelassener, selbstsicherer und glücklicher. Wenn wir uns Sorgen machen, dann verlagern wir unseren Blickwinkel nach vorne in die Zukunft.

In etwas, das noch nicht ist. Aus dem jetzigen Augenblick weg. Dieses zu weit nach vorne denken raubt uns Kraft. Kraft, die wir im Hier und Jetzt gebrauchen könnten. Menschen, die sich sorgen, entziehen sich selbst viele Jahre ihres Lebens. Jahre, in denen sie viel Freude und Liebe empfinden könnten.

Was ist der Unterschied zwischen Sorgen und Ängsten? Sorgen können wir uns nur über die Zukunft. Die Vergangenheit ist vorbei. Darüber brauchen wir uns keine Sorgen mehr zu machen. Eine Angst hat ihren Ursprung meistens in der Vergangenheit. Das heißt, irgendwann haben wir eine Erfahrung gemacht, die tief in uns Angst ausgelöst hat. Wenn wir jetzt bewusst oder unbewusst diese Angst wieder erleben, so entfernen wir uns aus der Mitte, nämlich in unsere Vergangenheit. Das kostet uns Kraft. Menschen mit Ängsten sollten sich dieser Ängste nach und nach bewusst werden, um sie dann aufzulösen. Nur so können wir wirklich frei werden und uns weiter entwickeln.

Angst zu haben heißt auch, dem Leben nicht zu vertrauen. Und wenn wir dem Leben nicht vertrauen, wenn wir dem Schöpfer nicht vertrauen, heißt das gleichzeitig, wir haben zu uns selbst kein Vertrauen. Wie können wir uns aber eine positivere Zukunft verschaffen, wenn wir kein Vertrauen in unsere eigene Kraft haben? Wir sollten uns mehr auf uns selbst konzentrieren, mehr auf unsere glücklichen Momente, mehr auf das, was wir im Hier und Jetzt erleben und unsere Lebensfreude nimmt von Tag zu Tag zu.

Steine im Lebensfluss.

Wieder so ein Montagmorgen. Es ist halb neun. Ich fahre durch ein enges Tal. Oben liegt noch Schnee, und es ist kalt. Der Winter verabschiedet sich. Es ist bereits nach Ostern. Während ich so dahinfahre, kommen mir seltsame Gedanken. Warum sind hier überall diese hohen Berge? Steht das in Verbindung mit den Blockaden dieser Menschen, die hier wohnen? Warum habe ich mir dieses enge Tal ausgesucht? Warum arbeite ich hier? Warum lebe ich hier? Gibt es dafür einen Grund, oder ist es nur Zufall? Doch glaube ich in diesem perfekten Universum eigentlich nicht mehr an Zufälle. Man sieht es diesen Menschen an, die hier leben. Sie sind von Sorgen geprägt. Das Leben ist schließlich hart in den Bergen. Die Menschen sind verschlossen und nicht so warmherzig, wie in südlichen Gegenden. Wenn man den Bewohnern in den engen Bergtälern Glauben schenkt und deren Überlieferungen von früher, so könnte man fast meinen, das Leben ist wirklich hart.

Gilt das für jeden Menschen? Oder suchen wir uns selbst aus, wo wir wohnen und wo wir arbeiten? Könnte es sein, dass wir unsere Umgebung je nach **Bewusstsein** unserer **Seele** aussuchen? Sind wir innerlich auf Kampf eingestellt, so suchen wir uns vermutlich ein hartes Leben aus.

Sind wir in unserem tiefen Inneren jedoch von Leichtigkeit überzeugt, entscheiden wir uns vermutlich für eine andere Umgebung.

Einige 100 Kilometer entfernt ist flaches Land. Warme Sonnenstrahlen machen das Klima sehr angenehm. Alles blüht und duftet. Vögel zwitschern. Das Meer rauscht. Möwen kreisen im Hafen. Die Menschen in dieser Umgebung leben ein Leben in Leichtigkeit. Sie leben mehr in den Tag hinein. Sie fühlen sich frei und sind von ihrer Umgebung wenig blockiert. Alles ist weit und frei.

Gilt es doch nicht für alle, dass das Leben nur aus Kampf besteht? Aber wenn das nicht für alle gilt, wenn ich mir mein Leben selbst aussuchen kann, warum entscheide ich mich dann nicht für das schöne, angenehme Leben in Leichtigkeit? Ich kann es mir ja selbst aussuchen. Viele Menschen sind so im Alltag, in der Hektik gefangen, dass sie es nicht mehr glauben können, dass das Leben aus Freude und Liebe besteht. Sie jammern ständig, wie hart und anstrengend das Leben doch ist. Diese Blockaden sind wie Steine im Fluß unseres Lebens. Kann es sein, dass wir uns diese Steine selbst in den Fluß legen?

Na ja, vielleicht legen wir uns diese Steine nicht immer selbst in den Weg, aber kann es sein, dass wir es zulassen, dass uns andere diese Steine in den Weg legen? Was ist, wenn dein Nachbar kommt und dir einen großen Stein vor die Haustür legt?

Lässt du das zu? Oder beschimpfst du ihn? Doch wie ist es mit unserem tatsächlichen Leben? Da lassen wir es zu, dass uns andere Menschen Steine in den Weg legen. Andere Menschen, die uns an unserer Weiterentwicklung hindern, legen uns auf diese Weise Steine in den Weg. Wir können diese Steine akzeptieren oder sie entfernen. Die Entscheidung liegt immer bei uns selbst

Ich kann mich noch gut an meine eigene Situation erinnern: Die Berge haben immer meine Stimmung gedrückt und mich eingeengt. Ich hatte mich sehr unwohl gefühlt. Beklemmt und sehr eingeengt. Je mehr ich jedoch gedanklich frei wurde, je mehr ich mich persönlich weiterentwickelte, um so mehr kann ich in die Freiheit, in die Ebene, dorthin, wo ich mich wohl fühle und wieder Lebenskraft tanken kann. Heute überlege ich mir sehr genau, von wem ich mir welche Steine in den Weg legen lasse.

Ist es mein Partner? In Ordnung, dann akzeptiere ich vielleicht so manchen Stein. Wir wollen uns ja gemeinsam weiterentwickeln. Und wenn es meinem Partner zu schnell geht, dann akzeptiere ich seinen Stein. Doch was ist mit meinen Freunden und Kollegen aus meiner Vergangenheit? Nach ihren Vorstellungen sollte ich so bleiben wie ich bin. Akzeptiere ich diesen Stein auch? **Nein!**

Wahre Freunde erkennst du daran, dass sie dich niemals einschränken und dir bei deiner Weiterentwicklung freien Lauf lassen. Schauen wir uns doch gemeinsam den Verlauf eines Flusses an. Eine Quelle entspringt hoch oben in den Bergen. Dieses kleine, saubere Wasser beginnt nun seine Reise zum Meer. Es fließt zuerst noch allein langsam den Bach hinunter, dann kommt von anderen Quellen Wasser hinzu und es wächst und wächst. Die Strömung nimmt zu, Steine werden immer häufiger und es kommt sogar ein Wasserfall. Plötzlich fließt dieser Fluss in einem großen Bachbett langsam immer weiter in die Ebene. Die Steine werden weniger und das weite Meer ist bereits in Sicht. Das Ziel ist erreicht. Die unendliche Freiheit im Meer. Die größte Mauer vor dem Erfolg bauen wir uns selbst.

Wir unterstützen die Lieferung unserer Steine. Wir stapeln diese Steine und bauen die Mauer immer höher und höher. Wir geben noch etwas Mörtel hinzu in Form von Frust, Ärger, Wut und so weiter. Die Mauer wird immer größer und stabiler. Bis wir eines Tages selbst erkennen: Die Mauer haben wir uns ja selbst gebaut. Es ist ja unsere eigene Mauer. Und wenn wir es geschafft haben eine Mauer zu bauen, dann schaffen wir es auch, diese Mauer niederzureißen.

Und wir beginnen eines Tages damit, diese Mauer abzureißen. Stein für Stein tragen wir diese Mauer ab. Gleichzeitig spüren wir in uns mehr **Freiheit**, mehr **Lebensgefühl**, mehr **Energie**, wir spüren **Begeisterung**. Auf einmal sehen wir die Welt sich ändern. Wir erkennen sie aus einem größeren Blickwinkel. Hinter der Mauer gibt ist viel mehr, als wir je gesehen haben. Warum habe ich mich so lange hinter dieser Mauer versteckt? Es war fein. Ich brauchte mich nicht zu verändern. Ich brauchte nicht zu wachsen. Ich brauchte keine Probleme lösen. Gleichzeitig verbaute ich mir dadurch große Chancen. Jetzt, nachdem die Mauer entfernt ist, spüre ich den kalten frischen Wind. Ich muss plötzlich neue Dinge lernen. Es kommen andere Menschen auf mich zu. Kritiker, aber auch gleichgesinnte und fröhliche Menschen nehmen immer mehr zu.

Die Steine erkennen und auflösen.

Was sind das für Steine? Schauen wir sie uns gemeinsam etwas näher an. Wenn wir uns ärgern, wenn wir zornig sind, wenn wir Frust verspüren, Schuldgefühle haben, eifersüchtig sind, neidisch - all das sind Steine. Steine, die wir uns selbst in den Weg legen.

-   Das schaffe ich nicht!
-   Das kann ich nicht!
-   Was passiert denn jetzt schon wieder?

Das sind Steine, die wir selbst aussprechen, die wir selbst gestalten. Je öfter wir uns diese Sätze vorsagen, umso schneller werden sie Realität. Doch diese Steine sind ganz einfach zu erkennen und zu beseitigen. Nur müssen wir uns dazu aus dem hektischen und stressigen Alltag einmal ausklinken. Entspannen, um unsere innere Stimme wieder wahrzunehmen. Diese Stimme spricht ganz leise zu uns. Zu jeder Zeit. So leise, dass wir sie im Alltag oft nicht mehr wahrnehmen.

Die Sprache unserer inneren Stimme ist sehr fein und auch sehr klar. Wenn wir es einmal gelernt haben auf diese Stimme zu hören, dann öffnet sich uns ein riesengroßes Potential an neuen, interessanten Möglichkeiten. Vielleicht kennst du auch den Ausspruch:

»Geh mal auf die Seite, du stehst auf der Leitung«.

Vordergründig ist das nur so ein Spruch. Doch es steckt eine tiefe Symbolik dahinter. Verändere deinen Standpunkt und du veränderst automatisch deine Einstellung. Verändere deinen Standpunkt körperlich und du verändert automatisch deinen Standpunkt auf geistiger Ebene. Du kannst plötzlich klarer denken. Du kannst die innere Stimme erkennen.
Was passiert, wenn wir uns ärgern?

Schaden wir uns damit selbst? Oder den anderen? Jeder Ärger und jeder Frust kommt wie ein Bumerang zu uns zurück. Das beste Beispiel hierzu ist **Neid**. Mit Neid blockieren wir uns selbst. Mit Neid bauen wir uns eine stabile Betonmauer. Was passiert, wenn wir neidisch sind? Schauen wir uns das anhand eines Beispiels an.
Ein Mann, 25 Jahre, erfolgreich, Millionär, Traumhaus, glückliche Familie, Gesundheit - alles gelingt ihm scheinbar mühelos. Geld in Hülle und Fülle. Viele Gründe, um auf ihn neidisch zu sein.

- Der hat es gut.
- Der hat sicher im Lotto gewonnen.
- Der hat bestimmt ein Vermögen geerbt.
- ......

Vielleicht denkt dieser Mensch lediglich die schöneren, aufbauenderen Gedanken als wir. Vielleicht sind seine Gedanken vom Leben rein und klar. Ohne Frust, ohne Ärger...? Wenn es die Gedanken sind, dann können wir diese Gedanken auch verändern. Doch bleiben wir beim Thema. Was passiert, wenn wir neidisch sind? Stell dir vor: Dieser Mensch steht wie ein Fels mitten im Leben, mit beiden Beinen. Jetzt kommen wir und drücken diesen Felsen von uns weg. Indem wir ihn beschimpfen und auf ihn neidisch sind, versuchen wir ihn von uns wegzudrücken. Denn diese Eigenschaften wollen wir ja nicht. Doch was passiert, wenn wir ganz fest an einen Felsen drücken? Richtig. Wir drücken uns selbst zurück. Wir drücken uns selbst zurück von Wohlstand, Erfolg, Gesundheit. Solange wir diesem Menschen seinen Erfolg nicht gönnen, solange blockieren wir uns selbst.

Wenn es uns gelingt, bereits im Alltag zu erkennen: Wo entwickelt sich Ärger, wo entwickelt sich Zorn, Frust, Neid, usw., dann können wir langsam beginnen, Schritt für Schritt diese Mauer abzutragen, indem wir uns Tag für Tag bewusst machen, wo wir uns überall ohne einen wichtigen Grund ärgern.

Wenn wir die Mauer selbst bauen, können wir sie auch selbst wieder abtragen. Wir können Gedanken der Liebe annehmen. Die Liebe ist die stärkste Macht auf diesem Planeten. Die beste Möglichkeit zu Wohlstand und Reichtum zu gelangen ist es, anderen Menschen ebenfalls auf ihrem Weg zu helfen. Wenn wir anderen Menschen dabei helfen, bekommen wir automatisch diese positive Energie wieder zurück. Das Universum ist vollkommen und gerecht.

Hast du nicht auch schon mal versucht etwas mehr herauszuholen als du verdient hast? Fühltest du dich danach wohl? Oder hast du im Prinzip weniger erhalten? Oder wie war es, als du deinen Kindern das letzte Mal etwas geschenkt hattest? Völlig frei, ohne Zwang und ohne etwas zu erwarten? Du bekamst ein strahlendes Lächeln. Strahlende Kinderaugen. Du bekamst mehr, als du erwartet hast.

Wie spricht nun die innere Stimme zu uns? Sie spricht in Bilder, in Geschichten, in Metaphern. »Ich habe ein Brett vor dem Kopf«, auch das ist eine Botschaft unserer inneren Stimme. Sie drückt nur aus, dass etwas vor mir liegt, mir die Sicht versperrt, damit ich etwas Wesentliches nicht erkennen kann. Jetzt gilt es herauszufinden, was das ist, damit wir es lösen können und somit neue Chancen bekommen.

Der größte Spiegel.

Was, meine Umgebung soll mein Spiegelbild sein? Nein, niemals. Ich bin doch so ein lieber Mensch. Warum treffe ich immer wieder auf aggressive Menschen? Ich bin offen und aufgeschlossen für andere Menschen und trotzdem treffe ich immer wieder solch arrogante Typen. Das kann doch nie und niemals mein Spiegelbild sein. Ich bin eine treue Seele. Warum geht mein Partner fremd? Das kann doch nicht mein Spiegelbild sein. Ich will das ja nicht. Ich bin eine treue Seele.

Oder das größte Tabuthema überhaupt:
Der Stand meines Bankkontos ist das Spiegelbild meiner Seele. Was, niemals! Ich fühle mich doch wohl mit Reichtum, ich fühle mich doch wohl mit Geld. Warum bin ich dann noch nicht reich? Wenn das mein Spiegelbild wäre, dann müsste ich doch in Wohlstand baden. Oberflächlich betrachtet vielleicht schon. Doch die Botschaft unseres Spiegelbildes zeigt uns tiefere Schichten unserer Persönlichkeit. Es zeigt uns das Spiegelbild unserer wahren Person. Nicht das, was wir nach außen zeigen. Das sind wir nicht. Wir sind versteckt. Jeden Tag liefern wir eine Show und verstecken uns hinter verschiedenen Masken.

Jeder Mensch hat andere Masken. Für jede Situation und für jeden Tag. Doch in uns drinnen verbirgt sich unsere wahre Person, unsere Seele. Wenn wir das erst einmal erkannt haben und gelernt haben damit umzugehen, also mit unserer Seele zu kommunizieren, dann kommen wir viel schneller weiter als wir es uns jetzt noch vorstellen können. Unser Spiegelbild zeigt uns diese Seele. Wo wir leben, wie wir uns fühlen, mit welchen Menschen wir zusammen leben, wie viel Geld wir besitzen, wie gesund wir sind, all das spiegelt unser Inneres.

Jede Situation, jeder Partner, jede Form passt genau zu unserem derzeitigen Spiegelbild. Wenn wir es gelernt haben uns selbst kennen zu lernen, uns selbst treu zu sein und uns selbst von ganzem Herzen zu lieben, dann verschwinden auch diese Spiegelbilder. Dann spiegelt uns die Umwelt nur mehr schöne, aufbauende Dinge. So gesehen sollten wir für jede unangenehmen Situation auch gleichzeitig dankbar sein, da wir daraus viel lernen können. Oder was heißt es, wenn ich immer wieder auf arrogante Kunden stoße? Kann es sein, dass wir mit uns selbst oft arrogant sind? Dass wir uns selbst nicht lieben? Solche Spiele sind leicht zu erkennen.

- Was bin ich doch für ein Idiot!
- Ach, bin ich blöd!
- Immer passiert mir so etwas.
- .....

Bei solchen Spielen erkennen wir ganz deutlich, wie wir mit uns selbst kommunizieren. Dann verstehen wir auf einmal dieses Spiegelbild. Wenn wir es jetzt noch schafften, diese Situation tief in uns zu lösen, würden diese unangenehmen Spiegelbilder verschwinden. Dann treten keine Menschen mehr in unser Leben um uns zu sagen, wie arrogant wir doch sind.

Wenn wir uns selbst lieben, so wie wir sind und uns jeden Tag einen Schritt nach vorne bewegen, in Richtung unserer Ziele, dann werden wir automatisch immer glücklicher und immer zufriedener. Es umgeben uns plötzlich immer mehr Menschen mit Liebe, mit Freude, und wir sind plötzlich umgeben von einer schönen Natur. Mein Partner liebt mich nicht, heißt im Prinzip nur: Ich liebe mich selbst nicht so, wie ich bin! Wenn ich das bei mir selbst geändert habe, verändert sich auch mein Partner. Bereits in der Bibel steht: Liebe deinen Nächsten wie dich selbst. **Wie dich selbst!** Hier wird es nun ganz klar. Wenn wir uns selbst nicht so akzeptieren wie wir sind, können wir auch andere Menschen nicht akzeptieren wie sie sind. Wenn wir frustriert oder zornig sind, dann täuschen wir Liebe nur vor. Es ist nur Show. Es ist unsere Maske.

Oder wie ist es mit dem Spiegelbild Armut? Mit dem Spiegelbild Minuskonto? Auch da ist es nicht anders. Wenn auf unserem Konto zu wenig an Wert, also ein Minus steht, dann spiegelt uns das lediglich nur den Wert, den wir tief in uns, uns selbst zugestehen. Wir sind es uns nicht wert, in Wohlstand und Reichtum zu leben.

All das können Gedanken aus unserer Kindheit sein, Gedanken, die wir von unseren Eltern, von unseren Lehrern und so weiter übernommen haben. Wenn wir diese Gedanken akzeptiert und übernommen haben, auch wenn uns das heute meist nicht mehr bewusst ist, so können wir uns auch von diesen Gedanken wieder trennen. Wir können sie ersetzen durch aufbauende Gedanken. Bereits in den ersten Schuljahren bekam ich eine Brille verpasst. Mir wurde gesagt, da mein Vater eine Brille trägt, da er nicht gut sieht, hätte ich das von ihm geerbt.

Doch irgendwie fühlte ich mich damit nie wohl. Ich wollte das so nicht akzeptieren. Ich hatte immer das Gefühl, diese Brille passt nicht zu mir. Und der Unmut gegen die Brille wuchs von Tag zu Tag. Mit 20 war er dann so stark, dass ich meine Gedanken umzustellen begann. Ich löste mich von diesen einschränkenden Gedanken, bastelte mir meine eigenen zusammen und heute bin ich nun schon über acht Jahre ohne Brille und ich sehe sogar besser als vorher. Zumindest das, was ich sehen will. Doch Spaß beiseite. Ich hatte erkannt, was ich mir mit meinen eigenen Gedanken alles erschaffen kann. Ich kann mir das Leben so gestalten, wie ich es mir wünsche. Doch nicht nur ich kann das erreichen. Auch du kannst dir **deine eigene Welt** so erschaffen, wie du es willst. Wenn ich es geschafft habe, Kraft meiner Gedanken mich von meiner Sehschwäche zu befreien und auch keine Kontaktlinsen benötige, so kannst auch du es schaffen, deine Gedanken zu ändern und somit

deine Ziele zu erreichen. Die Steine, die du nicht akzeptieren willst, die kannst du auch entfernen. Wenn sich die Gedanken im Inneren ändern, verändert sich automatisch auch das Spiegelbild im Außen. Oder noch mal zum Thema Geld.

Wo trägst du dein Geld? In der Hosentasche auf der Rückseite. Also am Ars... oder trägst du es bewusst in der Nähe deines Herzens. In der Sakkotasche bzw. Hemdtasche? Beim **Herzen** mit viel **Liebe**? Oder wie behandelst du Geldscheine, die du zerknittert bekommst? Streifst du sie glatt und gibst sie behutsam in die Geldbörse oder steckst du sie achtlos und ohne Liebe dort hinein? Wohlhabende Menschen lieben und achten Geld aus tiefstem Herzen und behandeln es auch so im Alltag. Arme Menschen benutzen es jedoch häufig als notwendiges Übel, das man einfach braucht um zu überleben.

Auch die meisten Krankheiten sind lediglich ein Spiegelbild unserer Seele. Oft höre ich Menschen sagen: Bereits mein Großvater hatte Krebs. Auch mein Vater ist an Krebs gestorben. Deshalb habe ich immer solche Magenschmerzen. Ist die Krankheit wirklich vererbbar?

Du weißt jetzt, dass jeder Gedanke, oft genug wiederholt, Gestalt annimmt, sich also auf irgend eine Weise ausdrückt. Wenn wir jedoch solche Gedankenmuster annehmen und diese akzeptieren, so braucht es uns nicht zu wundern, wenn wir somit dieselben Symptome mitbekommen. Doch hier liegt auch gleichzeitig eine Riesenchance. Wir brauchen nur unsere Gedanken über ein bestimmtes Thema oder Verhalten zu ändern und wir sind diese Krankheit los. Diese Gedanken sind uns jedoch des öfteren nicht bewusst und können meist nur mittels Rückführung, Channeling, Time-Line, oder auf ähnliche Weise geändert werden.

Wenn wir es einmal geschafft haben, uns von diesen negativen Gedanken zu befreien, dann erfahren wir ein ganz neues Leben. Jede Krankheit zeigt uns lediglich eine Blockade im Fluss unseres Lebens. Einen Stein im Fluss. Wir können diese Steine entfernen und das Leben ist im Fluss oder wir können diese Steine behalten, noch weitere dazusammeln und uns somit selbst blockieren. Auf alle Fälle können wir es selbst entscheiden!

9. Dein innerer Reichtum

Die Macht einer Entscheidung.

Energie will fließen. Das haben wir schon des öfteren gehört. Doch was ist, wenn ich die Energie nicht in die richtige Bahn lenke? Wir alle haben eine bestimmte Menge an Energie zur Verfügung. Der eine mehr, der andere weniger. Entscheidend ist, wofür wir diese Energie verwenden.

Verbrauchen wir den Großteil dieser Energie, um ständig Informationen aus aller Welt aufzunehmen, (Nachrichten) die uns überhaupt nicht weiter bringen? Oder vergeuden wir viele Jahre unseres Lebens, um viel Geld anzuhäufen und dabei unsere Gesundheit oder unsere Beziehungen auf Spiel zu setzen? Was wäre, wenn ich heute sage würde: So, ab jetzt ändere ich meine Einstellung und entscheide mich für dieses eine Ziel? Den Großteil meiner Zeit und Kraft verwende ich für dieses Ziel. Was könnte dabei alles passieren? Gut, wir müssten **alte Überzeugungen loslassen**. Wir müssten vielleicht einige kleinere Ziele aufgeben.

Ziele, die uns sowieso nur Zeit rauben und wenig Nutzen bringen. Manch einer müsste vielleicht einen **bequemen Lebensstil** aufgeben und einiges verändern. Auf der anderen Seite ergeben sich allerdings auch Vorteile. Wir haben mehr Kraft und

Ausdauer für diese eine Sache. Wir sehen, dass etwas weitergeht. Eine entscheidende Rolle dabei spielt auch unser Unterbewusstsein. Indem wir uns für eine Sache mit allen Konsequenzen entscheiden, geben wir damit unserem Unterbewusstsein automatisch das Signal, dass diese Sache jetzt sehr wichtig ist.

Indem wir uns auf das Ziel konzentrieren und alle Veränderungen auf uns nehmen, bekommt diese Aufgabe in unserem Unterbewusstsein einen höheren Stellenwert. Plötzlich fallen uns buchstäblich viele interessante Möglichkeiten und Wege zu. Wir lernen neue Menschen kennen. Wir erkennen, dass diese Menschen diejenigen Fähigkeiten haben, die wir jetzt lernen müssen. Oder wir treffen auf Menschen, die uns in Kontakt mit neuen Vertriebspartnern oder anderen Menschen bringen.

Plötzlich scheint uns das Unterbewusstsein laufend neue und interessante Impulse zu geben, um unsere Ziele leicht und auch sehr effizient zu erreichen. Das Wichtigste dabei ist und bleibt einfach eine klare und deutliche Entscheidung. Ohne Wenn und Aber. Manches Mal kommt es auch vor, dass wir uns zwischen zwei sehr wichtigen Tätigkeiten nicht entscheiden können, was denn nun wirklich wichtig und was lediglich Zeitvertreib ist. Hier hat es sich oft bewährt, diese Sache eine Nacht zu überschlafen. Am Abend vor dem Einschlafen dann noch einmal beide Situationen vorstellen und um eine Entscheidung bitten. Anschließend diese Frage loslassen und entspannt einschlafen. Du kannst dir sicher sein, du bekommst am nächsten Tag die richtige Antwort. Du brauchst nur auf dein **Gefühl** zu hören.

Und zwar auf deinen **ersten Impuls,** den du bekommst. Der erste Impuls ist meistens das Gefühl. Erst danach schaltet sich unser Verstand dazu als zweiter Impuls und beginnt aufgrund früherer Entscheidungen zu werten. Je mehr wir es schaffen, auf dieses erste Gefühl zu hören, um so mehr Erfolg werden wir auch haben. Doch es gibt auch Ziele, die wir zwar erreichen möchten, oftmals sogar um jeden Preis und trotzdem schaffen wir es nicht. Hier gilt es als erstes zu überprüfen, welcher Sinn sich hinter diesem Ziel verbirgt und ob es zu unserem Lebensplan passt. Und hier sind wir auch schon beim nächsten Thema.

Der höhere Sinn deiner Ziele.

Welchen Sinn macht es eigentlich, die eigenen Ziele zu erreichen? Gut, wir können damit eine Menge Kohle machen. Was könnte zum Beispiel der höhere Sinn von Schlaftabletten sein? Vordergründig scheinen Schlaftabletten eine gute Lösung zu sein, um einen erholsamen Schlaf zu finden. Wenn man tiefer forscht stellt man fest, dass Schlaftabletten über eine lange Einnahmedauer starke Nebenwirkungen verursachen können. Wenn wir uns über Monate hinweg auf Schlaftabletten verlassen und ohne diese nicht mehr auskommen, dann verlernen wir es, uns bewusst selbst zu entspannen. Unser Körper verlernt, sich selbst ins Gleichgewicht zu bringen. Ohne Hilfe von außen. Selbstverständlich gibt es Ausnahmen in denen es angebracht ist, Medikamente zu verwenden, nur sollten wir immer noch Herr oder Frau über uns selbst sein und nicht die ganze Macht ausschließlich in die Medizin von außen geben.

Wie bei vielen Dingen im Alltag ist es hier wichtig, die Balance zu finden, den Ausgleich. Zum Tag gehört die Nacht, zur Kälte gehört die Wärme. Das eine kann ohne das andere nicht existieren. Oder welchen Sinn macht es, Zigaretten herzustellen? Darüber denken vermutlich nicht viele nach, denn Zigaretten sind ja auch die Volksdroge Nummer Eins! Vordergründig sind Zigaretten für manche Menschen gut, da sie damit besser mit Stress umgehen können. Blicken wir jedoch hinter die

Kulissen dieser Droge, erkennen wir das Machtspiel einiger Organisationen. Zuerst eine große Anzahl Zigaretten herstellen, die Leute davon abhängig machen (mit manipulativer Werbung) und schon kann man Steuergelder kalkulieren. Man braucht nur die Anzahl der Raucher mit Hilfe von Statistiken oder Verkaufszahlen zu ermitteln, die Preise dementsprechend anzupassen und schon weiß die Regierung, mit welchen Mehreinnahmen sie demnächst rechnen kann.

Oder das beliebte Fernsehen. Zwanzig, dreißig oder noch mehr Programme. Versuche einmal ernsthaft anhand der Programmzeitschrift herauszufinden, welche Filme und Reportagen für dein weiteres Leben wichtig sind. Dann zähle zusammen, wie viele Stunden du momentan pro Woche vor der Glotze verbringst und nachher, also mit den ausgesuchten Beiträgen. Den meisten Menschen dürfte hier ein Licht aufgehen!

Anstatt sich wirklich mit den wichtigen Dingen des Lebens zu befassen und damit die eigenen Ziele zu erreichen, lassen sich sehr viele Menschen von der Werbung verleiten und sehen sich manipuliert oder aus Langeweile Sendungen an, ohne irgendeinen Nutzen davon zu haben. Keine Informationen, die diese Menschen zum Wachstum brauchen, keine Entspannung, also Filme, die man einfach gerne sieht. Nur Zeitvergeudung. Den großen Medienkonzernen ist das natürlich bekannt. Doch auch hier steckt wieder eine Organisation dahinter, welche uns bewusst nur unterhalten will... oder nennen wir es besser **»Unten-halten«**? Es tut gut, über diese Zeilen etwas länger nachzudenken. Dann entdeckt man die Freiheit hinter unserem System. Mit diesen Gedanken will ich dich nur anregen einmal darüber nachzudenken. Schlussendlich - und das ist auch gut so - ist sowieso jeder selbst für seinen Lebensweg verantwortlich.

Die innere Quelle anzapfen.

Es gibt einen Teil in uns, der über alle Informationen verfügt, die wir für ein erfülltes Leben brauchen. All das, was wir benötigen, um unseren Lebensplan zu erreichen ist in diesem Teil gespeichert. Doch haben wir es durch die Hektik des Alltags verlernt, mit diesem Teil von uns zu kommunizieren. Es fällt uns schwer, diese Botschaften, die aus sehr hoch schwingender Energie bestehen, klar und deutlich zu empfangen - obwohl es ganz einfach wäre. Das Gute daran ist, dass wir lernen können, diese innere Stimme wieder wahrzunehmen. Diese feinen Botschaften zu erkennen, um damit die Anforderungen unseres Lebens zu erfüllen. Wir haben die Möglichkeit, auf unsere Stimme, auf das Leben zu hören oder diese Stimme zu ignorieren. In diesem Fall werden wir mit vielen Konflikten, Krankheiten, Schicksalsschlägen usw. konfrontiert, um uns auf unseren Auftrag zu besinnen.

Wenn wir es jedoch schaffen, auf diese innere Stimme zu hören, so fallen uns Veränderungen nicht so schwer, da wir vorbereitet sind. Was können wir tun, um diese Stimme wieder wahrzunehmen? Aus der Hektik des Alltags ausklinken ist ein wichtiger Anfang dazu. Ein langer Spaziergang im Wald oder am See, ganz alleine, nur um Ruhe zu finden ist eine hervorragende Methode. Dann anschließend zu uns oder zu Gott sprechen und um eine klare Antwort bitten. Die richtige Antwort wird uns meist von einem ersten spontanen Impuls gesendet. Der zweite Impuls wiederum ist von unserem Ego, Verstand oder auch von unserem Wunschdenken geprägt. Der erste Impuls ist auch gleichzusetzen mit dem Spruch: »Aus dem Bauch heraus entscheiden«. Es gibt selbstverständlich Tausende von Arten, um an diese Informationen zu kommen.

- Meditation
- Gesund fasten
- Mit Pendel Unterbewusstsein befragen
- Channeling
- und viele andere Methoden

Doch möchte ich in diesem Buch ganz bewusst auf die einfachen Dinge näher eingehen. Auf Methoden, die an jedem Ort, zu jeder Zeit und ohne großen Aufwand durchzuführen sind. Die Schöpfung hat das Leben einfach gemacht. Wir Menschen haben uns selbst für den schwierigen und komplizierten wissenschaftlichen Weg entschieden. Wir haben es längst geschafft, den Mond zu erkunden, wir haben es geschafft, die Tiefen der Ozeane zu erforschen. Vor einem jedoch schreckt der Mensch heute immer noch zurück: **Sich selbst** kennen zu lernen. Die eigenen Chancen, Fähigkeiten und Talente umzusetzen. Wir können auf unsere Worte achten um unsere inneren Wünsche, die Wünsche unserer Seele wahrzunehmen. Lange Zeit wollte ich jedem Menschen helfen. Das ging über Monate hinweg. Immer wieder tauchte das Wort helfen zwischen den Zeilen auf. Bis ich eines Tages erkannte: »Hilf dir selbst, dann hilft dir Gott«. Ich hatte also gelernt, mir selbst zu helfen, damit wurde ich ein Vorbild für andere Menschen und plötzlich tauchte dieses Wort nur mehr ganz selten auf. Mit Hilfe dieses Wortes hat mich meine Seele lediglich darauf aufmerksam gemacht, dass ich mir selbst helfen sollte! Es tut gut, die eigenen Worte näher zu betrachten. Welche Worte nimmst du vermehrt in den Mund, welche Worte fallen die vermehrt auf? Auch hier spricht unser Inneres mit uns.

Drehbuch deines Lebens.

Einen Film kann man gestalten, wie man will. Dramatik, Aktion, Happy End - alles liegt in der Sache einer Person, dem Verfasser des Drehbuchs. Bis zu diesem Punkt können die meisten Menschen noch folgen. Sprechen wir jedoch davon, dass sich jeder Mensch seine eigene Welt, seine eigene Realität erschaffen kann, dann wird es für einige schon komplizierter und unvorstellbarer. Einige werden jetzt vielleicht lauthals protestieren: »So ein Quatsch, ich kann mir doch nicht meine eigene Realität erschaffen! Ich bin auf diesen Arbeitsplatz angewiesen. Ich lebe mit diesem frustrierten Partner zusammen und Geld kenne ich sowieso nur vom Fernsehen«. Kann es sein, dass sich viele Menschen mit einem Job zufrieden geben, bei dem sie keine Freude empfinden, den sie nur mehr des Geldes wegen ausüben? In diesem Falle braucht man sich auch nicht wundern, wenn während der Woche keine Lebensfreude aufkommt und auch das Geld nicht fließt.

Für einige Menschen ist es einfach bequemer, im alten Trott weiterzumachen, als die Ärmel hochzukrempeln, neue Wege zu beschreiten, auch einmal hinzufallen, aber den Beruf auszuüben, der Freude macht und somit ein erfülltes Leben zu genießen.
Bleiben wir zunächst einmal bei der Annahme, dass wir uns das Leben so gestalten können wie in unseren kühnsten Träumen. Wir haben ja bereits an

früherer Stelle festgestellt, dass jeder Mensch und jede Situation und somit auch jeder Beruf nur ein Spiegelbild dessen ist, was ich tief in meinem Inneren über diese Themen denke. Spiegelbild deshalb, da ich diese Gedanken ansonsten schwer erkennen kann. Also gehen wir nun davon aus, wir können uns unsere eigene Welt erschaffen. Hier nun einige einfache, jedoch sehr wirksame Übungen:

Mal angenommen, es kommt eine Fee auf dich zu und sagt: »Du hast einen Wunsch frei«. Wie soll dein Leben in fünf, zehn oder fünfzehn Jahren aussehen? Wie willst du leben? Wo willst du leben? Mit wem bist du zusammen? Welchen Beruf übst du aus? Stell dir diese Übung in einer ruhigen Minute in allen Einzelheiten vor. Steigere dich voll hinein! Mit allen Emotionen, so dass du tief in deinem Inneren so ein komisches Kribbeln verspürst. So ähnlich wie beim Verliebtsein die Schmetterlinge im Bauch. Wenn du genügend Emotionen dabei empfindest und du dabei Kraft und Freude spürst, obwohl du nur daran denkst, kannst du sicher sein, es ist das richtige Ziel. Ansonsten, bitte unbedingt mein Buch **»Vom Traum Zum Ziel«** lesen. Dort erkläre ich ausführlich, wie du deinen Lebenstraum erkennen kannst.

Wenn du bereits ganz genau deine Träume und Ziele kennst, dann kannst du ja bereits damit beginnen, jeden Tag einige Minuten oder ein, zwei Stunden, je nach Motivation, Schritte zu unternehmen, um dieses Ziel zu verwirklichen. Alle großen Projekte dieser Erde haben mit einem kleinen Schritt und mit einer Idee eines Menschen begonnen. Du solltest noch beachten, dass du dich nicht von alten Programmen aus der Kindheit einschränken lässt. Bei vielen Familien sieht man, wie sich bereits erwachsene Kinder ähnlich verhalten wie ihre Eltern. Gewohnheit. Wenn man dabei Freude empfindet ist das völlig in Ordnung. Zum Problem wird es erst dann, wenn man **glaubt**, den elterlichen Betrieb weiterführen zu **müssen**, obwohl das **Herz** lieber etwas **anderes machen würde**.

In diesem Fall tut es gut, darüber nachzudenken, dass wir diese Überzeugung von unseren Vorfahren übernommen haben, zu einer Zeit, als dies noch wichtig war. Im Kleinkindalter war es wichtig, nach den Erfahrungen unserer Eltern zu handeln. Heute meist nicht mehr. Manche Programme lassen sich sehr leicht lösen, indem wir sie uns bewusst machen und einfach ändern. Manche dieser Programme laufen meist unbewusst und wir benötigen dazu einen guten Therapeuten. Im Anhang findest du einige Adressen. Jetzt haben wir also das Unkraut aus unserem Acker entfernt und bereits mit Hilfe der Fee den Samen unseres Erfolges gesät.

Wir haben uns ausführlich und in allen Einzelheiten ausgemalt, wie es ist, wenn wir dieses Ziel erreicht haben. Jetzt ist es wichtig, diesen Samen zu hegen und zu pflegen, dass daraus ein großer kräftiger Baum wachsen kann. Ein sehr wertvolles

Hilfsmittel hierzu ist die Zielcollage. Eine Zielcollage ist ganz leicht zu verwenden. Man nehme ein schönes leeres Buch oder ein Fotoalbum und beschrifte dieses mit dem Namen: **»Meine Zukunft«!** In der schönsten Schrift, die möglich ist. Anschließend halte man Ausschau nach schönen Bildern. Bilder aus Katalogen, Prospekten, Fotos usw. Alles, was man findet und was mit den eigenen Zielen in Zusammenhang steht.

Ist es zum Beispiel dein Ziel einen Ferrari zu fahren, dann schneide die schönsten Ferrari Fotos aus, die du finden kannst und klebe sie in das Album! Wenn es dein größtes Ziel ist, ein eigenes Haus mit großem Garten und Swimmingpool zu besitzen, obwohl es dir momentan finanziell noch nicht möglich ist, dann suche auch hier wunderschöne Fotos von Häusern, die du gerne haben möchtest und klebe sie in das Album! Das Album allein ist natürlich noch keine Garantie, diese Dinge auch zu erreichen. Doch diese Bilder haben eine starke symbolische Bedeutung für unser Unterbewusstsein. Wir reagieren wesentlich stärker auf Bilder als auf Worte. Das beste Beispiel hierfür ist die Werbung. Deshalb ist es sehr unterstützend für unsere Ziele, diese in einer Zielcollage jeden Tag zu sehen und diese Bilder in unser Unterbewusstsein zu befördern. In diesem Fall entzünden wir den **inneren Motor** und es ergeben sich auch im Außen mehr Chancen und Möglichkeiten, um diese Ziele zu erreichen.

Vorausgesetzt wir denken nicht so abwertend über uns, dass wir die Wirkung der Bilder wieder aufheben. Selbstverständlich ist es auch wichtig, jeden Tag einen kleinen Schritt zu unternehmen. Wer sich nur auf die Couch legt und sich vorstellt, die Ziele sind erreicht, der kann es gleich sein lassen.

Der Reichtum kommt zum Vorschein.

Alles umgesetzt? Jeden Tag ein kleiner Schritt und die ersten Erfolge stellen sich ein. Was jetzt? Wenn wir misstrauisch werden, da das Ziel noch nicht vollständig erreicht ist oder denken, dass wir es nicht wert sind, also negative Emotionen wieder hochkommen - und das kommt fast immer vor bis der Durchbruch erreicht ist - müssen wir verstärkt aufpassen, was wir denken und vor allen Dingen ist es jetzt wichtig, dankbar zu sein. Dankbarkeit schafft eine Vertrauensbasis. Auf Dankbarkeit lässt sich die nächste Stufe des Erfolges leichter aufbauen. Und mit diesem Vertrauen geben wir auch Kraft und Energie in unsere Ziele und es fällt uns immer leichter, diese zu verwirklichen. Ich war lange Zeit geplagt von Zweifeln, Gefühlen des Misstrauens und des Selbstmitleids, bis ich mir die vielen kleinen Erfolge bewusst machte. Dann wurde ich ruhiger, konnte wieder Vertrauen in das Leben schaffen und somit kam ich wieder in den Fluss meines Lebens, in meine Mitte. Ich wünsche dir auf jeden Fall, dass du die Kraft in dir erkennst, um deine Wünsche und Ziele Realität werden zu lassen.

10. Delphintherapie

Jetzt noch ein ganz persönliches Anliegen, für das meine Frau und ich uns einsetzen.

Die **Delphintherapie**.

Es gibt Familien, deren Kinder an starken psychischen Problemen leiden. Für einige dieser Kinder wäre der Kontakt mit Delphinen eine große Erleichterung. Da jedoch diese besondere Therapieform derzeit nur in Amerika angeboten wird, ist dies für viele Eltern ein kostspieliges Unterfangen.

Wir haben uns deshalb entschlossen, diese Familien zu unterstützen. Alles Geld, welches auf das hier angeführte Konto einbezahlt wird, verwenden wir ausschließlich für diese Projekte. Es darf nicht sein, dass die Genesung von Kindern an einem Mangel finanzieller Mittel scheitert.

Kein materieller Erfolg ist so groß, wie das **Leuchten** von **Kinderaugen** und die Freude ihrer **Eltern** nach einer erfolgreichen Delphintherapie.

Danke für deine Mithilfe!

Im Anhang dieses Buches kannst du weitere Infos dazu anfordern. Bitte einfach einen frankierten Rückumschlag beilegen, und wir senden dir Informationen über diese Projekte zu.

Wenn auch du dich an diesem Projekt beteiligen möchtest, so kannst du auf folgendem Konto einen Geldbetrag überweisen:

Kontonummer:	**3225-000102**
BLZ:	**20502**
Bank:	**Sparkassa Imst**

Nach Möglichkeit werden wir alle, die sich an diesem Projekt beteiligt haben, auch über den Erfolg der unterstützten Familien informieren.

Vielen herzlichen Dank!

11. Schlusswort

Herzliche Gratulation! Du hast dieses Buch bis hierher gelesen. Oder hast du vielleicht mit diesem Schlusswort begonnen? Egal, ich wünsche dir auf jeden Fall viel Erfolg beim Umsetzen in die Praxis!

Wissen alleine und die Kenntnis von Strategien ist erst **ein Teil** des Ganzen. Mit dem **Anwenden** des Gelernten, also dem **zweiten Teil**, kommen wir in den Fluss des Lebens und können somit unseren Lebensauftrag in Freude und Liebe erfüllen.

Seminare sind eine ausgezeichnete Methode, um **Wissen** in **Erfahrung** zu verwandeln. Oder vielleicht übst du lieber zu Hause mit meinem **»Erfolgstrainer«**, der für das Selbststudium gedacht ist.

Alle Infos hierzu findest du im Anhang dieses Buches!

Viel Spaß und Erfolg wünscht dir

Emmerich Kirschner

12. Anhang

»Vom Traum Zum Ziel«
Befreie Dein Wahres Selbst!

In jedem Menschen steckt mehr, als den meisten bewusst ist. Wir haben alles Wissen bereits in uns für ein erfülltes Leben. Durch die Hektik des Alltags sind diese Informationen jedoch tief vergraben. Mit diesem Buch hilft Ihnen der Autor, diese Schatzkammer in Ihnen wieder zu entdecken.

- Wie Sie Ihre Ziele leichter erreichen können!

- Wie Sie durch die Kraft der Ziele wesentlich mehr Energie zur Verfügung haben!

- Und sonst noch so einiges...

<u>**Kontaktadresse:**</u>

Mentalpower
Emmerich Kirschner
Postfach 14
A-6474 Jerzens
e.kirschner@tirol.com
http://www.mentalpower.at
Fax: 0043 (0) 5414-**86423**
Tel: 0043 (0) **664-4630024**

<u>**Bestellen Sie hier:**</u>

☐ **»Vom Traum Zum Ziel«** € 9.88

Buch 116 Seiten, illustriert,

☐ **»Erfolgstrainer«** € 19

Erfolgstrainer zum Selbststudium. Ca. 30 Seiten. Wie Sie Ihre Ziele Schritt für Schritt verwirklichen.

☐ **Info über Seminare** kostenlos

☐ **Info für Delphintherapie** kostenlos (frankierten Rückumschlag beilegen)!

Deine Adresse:

Nützliche Adressen:

Bechter Hermann, Dipl. Mentaltrainer

Defreggerstraße 28, 6845 Hohenems

Tel. 05576 / 77737

www.hbechter.at mentalcoach@hbechter.at

Andreas Ackermann, Ackermann Training Schweiz

CH- 4469 Anwill, Tel. 0041 / 619910900

www.aa-training.ch Info@aa-training.ch

Burtscher Marita, Reiki Meisterin

Tafernstraße 35, 6800 Feldkirch

Tel. 05522 / 31821 Handy: 0676 / 6097923

Burtscher.mr@t-online.at

Für die Rechtschreibung

Irmgard Ressl, Deutschlehrerin

Erlengasse 14

7312 Horitschon

irmgard.ressl@lehrer-bgld.at